SEKIYA Toshiko & Adolfo Sarcoli

日本唯一の「超人歌姫」の謎

関屋敏子とサルコリ先生

EMOTO
Hiroshi

江本弘志

歌唱芸術研究家

文芸社

母と筆者

母が東京女子医専の頃に書いた楽譜

まえがき

筆者の母がイタリアの歌が好きで、私も彼女の胎内にいる頃からイタリア・オペラとカンツォーネに熱中したと思う。

20歳過ぎから50歳まで、ちょうど30年間、イタリア人も含む〝日本の一流〟の声楽の先生について歌を習った。が全く進歩せず、以降自分なりに研究をして、ついに80歳にして〝イタリア的な明るく甘くハリのある声〟を出すことに成功した。

だから日本には、良い声楽の教師なんていやしないのだ、と思っていた。

ところが「超人歌手関屋敏子《せきやとしこ》」のことを調べているうちに、真性のイタリア人のテノール歌手で、かつ声楽教師の「サルコリ」という方に行き当たった。そして、どうもこの人のレッスンは〝本物〟であることが判ってきた。なぜなら〝あの、関屋敏子〟を世界の一流に育てた人だからである。

だがサルコリのことを調べようにも、何の文献もない。ところが、ひょんなことから「日本におけるベル・カントの父、アドルフォ・サルコリの生涯」他（計14編）というシリーズの論文があることを知った。

著者の直江学美《まなみ》先生にお願いすると早速送ってくださり、こうして生まれたのが、この本である。

筆者は歌（カンツォーネ）をやっているので、イタリア語の「発音」と「表記」をなるたけ正確にしたいタイプ。

西欧の子音の発音では、「l《エル》」は舌を口蓋の上につけての「無音」、「r《アール》」は巻き舌。この違いを表すために、「l」は大文字の「ル」、「r」は小文字の「ㇽ」で表記。どちらか判らない場合は大文字の「ル」にした。

古い新聞・雑誌の旧カナ遣いは、一部を除いて現代風に直した。

また「当時の人名表記」は、なかなか〝本来の発音通り〟というわけにはいかず、（正しくは）「サㇽコリ」が「サルコリー」「ザルコリー」、「ベルトラメッリ能子」が「ベルトラメリー能子」等々となっているのを、正しい表記に変えさえていただいた。

では西欧文明が入ってきたばかりの明治・大正時代にあって、世界に通用した「超人歌

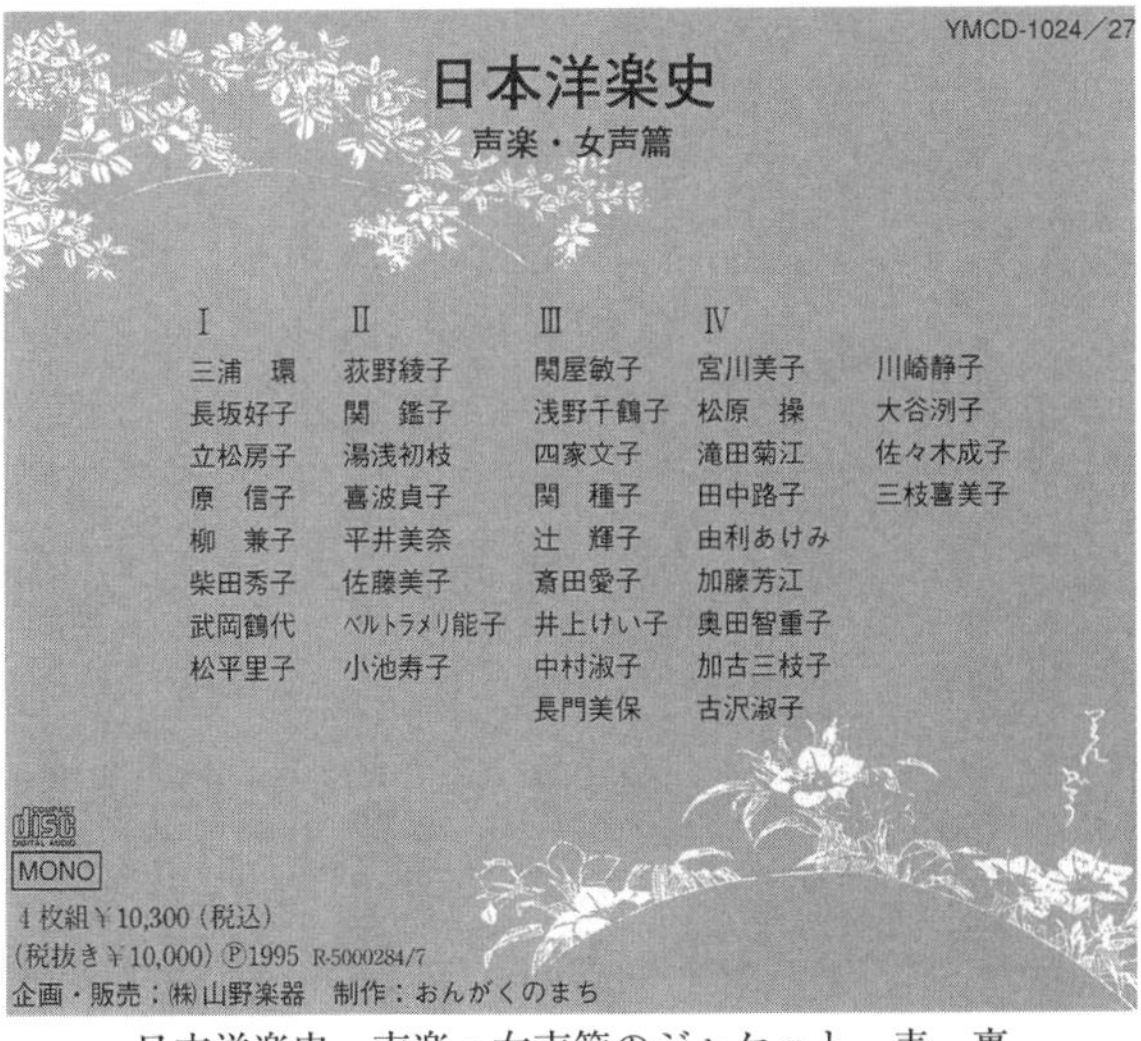

日本洋楽史　声楽・女声篇のジャケット。表、裏

姫・関屋敏子」はいかにして誕生したのか、その謎を一緒に解き明かしていこう。

雷電、双葉山、大鵬、白鵬、もし戦わば誰が一番強いだろうか。

剣豪、競走馬、野球のピッチャーやバッター。どのジャンルにも誰が最も優れているかの議論はあり、いずれも結論には至らない。

ところが日本の洋楽声楽のナンバーワンは？　では、たちどころに結論が出る。

掲載した『日本洋楽史　声楽・女声編』（CD）のメンバーを見ていただきたい。

この中で多分一番有名な三浦環《たまき》さんをはじめとする38人は、なかなかよく厳選された、明治・大正・昭和の歌姫たちであるが、この中の断トツは関屋敏子嬢である。

ほかの37人が地上で歌っているとすれば、関屋さんひとりが天上で囀《さえず》っていると表現できるだろう。

ちょうどこのCDの中で関屋嬢は、まさに囀りの極意を見せている。

曲はビショップ作曲（詩はシェークスピア）の「見よ、やさしいひばりを（Lo！here the gentle Lark)」。中学校音楽鑑賞教材とあるので、もしかしたらお聴きになった方もおられるかもしれない。

〝サー〟ヘンリー・ローリー・ビショップ（1786〜1855）で一番有名なのは、彼のオペラ『クラーリ、ザ・メイド・オブ・ミラン』の中の「ホーム・スイート・ホーム（埴生《はにゅう》の宿の原曲）」であるが、彼はイギリスのクラシック音楽界の超大物。

「見よ、やさしいひばりを」のオーケストラ構成もしっかりしているし、コロラトゥーラのアリアにはつきものの、フルートとの掛け合いもよく出来ている。

そして28歳の関屋敏子は、この名曲にして難曲に対して一歩もひけを取らずに、見事に囀りきっている（伴奏の、シルク・レット指揮米国ヴィクターサロン管弦楽団も見事）。

私は昔、関屋さんの代表的歌唱を集めたLPレコードを持っていたが、それにはこの「見よ、やさしいひばりを」は収録されていなかった。

物品の整理能力に欠ける筆者。CD全盛の時代になり、扱いに繊細さを必要とするLPプレーヤーから遠ざかっているうちに、機械はこわれ、レコードも散逸してしまった。

CDよりLPプレーヤーの方がずっと音はやさしいし、美しいのに……といわれればその通りで、返す言葉はない。

そんなわけで、関屋敏子の代表的な歌唱のほとんどを知っているのであるが、「見よ、やさしいひばりを」ほどの優れた演奏はないと断言できる。

目次

父・祐之介

関屋敏子は明治37（1904）年3月12日に、東京市小石川区指ケ谷町《さしがや》（現文京区白山）一番地にて出生。

父は関屋祐之介。母は愛子（旧姓池田）。

当然のことではあるが、関屋敏子が世界有数の歌い手になるについては、この両親の存在が大きく影響している。

まず、父・祐之介の方から。

祐之介の家系は代々奥州二本松の藩主に仕える御典医であった。

祐之介も当然のように、現在の東北大学の医学部（第二高等中学校〈後の第二高等学校〉医学部）に入る。

父母と敏子（7歳）
『関屋敏子の生涯』
（渡辺議《はかる》・著　島田音楽出版より）

関屋敏子の家系図

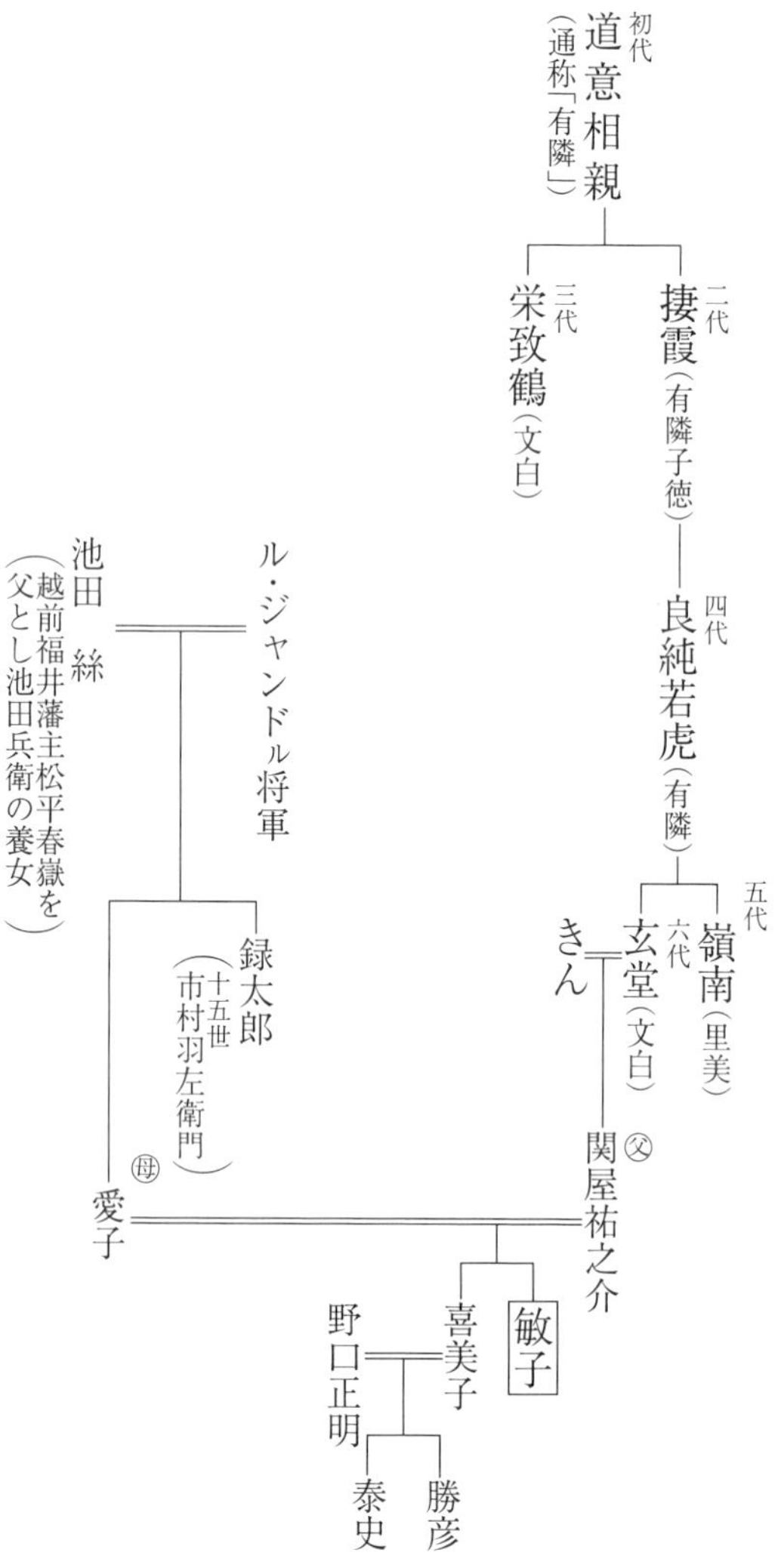

初代
道意相親（通称「有隣」）
二代
捷霞（有隣子徳）
三代
栄致鶴（文白）
四代
良純若虎（有隣）
五代
嶺南（里美）
六代
玄堂（文白）
きん
(父)
関屋祐之介
ル・ジャンドル将軍
池田　絲（越前福井藩主松平春嶽を父とし池田兵衛の養女）
録太郎（十五世市村羽左衛門）
(母)
愛子
敏子
喜美子
野口正明
勝彦
泰史

そこからドイツに留学するが、勉強すればするほど医者という仕事が自分に合っていないことに気付く。

実家の経済的事情によって留学が中止になって日本に帰ってきた祐之介は、180度方向転換して「実業家」になる決心をする。

二本松を出て上京した彼は「日本郵船」に入社するも、突然政府から「参謀本部御用嘱託」を命ぜられる。

当時は、今から述べるように、日本を含む東洋はキナ臭い状況にあり、「海外(しかもヨーロッパのひとつの中心地ドイツ)に留学したこと」が高く評価されたのである。

ちなみに、祐之介のドイツ留学は明治22年前後の話であるが、日本人男性音楽家が初めてドイツへ行ったのは明治34(1901)年、瀧廉太郎(「荒城の月」の作曲家)をもって嚆矢《こうし》とする。それよりも約10年も早い祐之介のドイツ行きが、どんなにか値打ちのあったものか分かろうというものである。

当時の危機的な東洋の状況を述べることにする。

祐之介、ひいてはその娘の敏子、それから敏子の声楽の先生となるサルコリにも深く関係するからである。

モンゴルの「元」を倒して、漢民族が1368年に建てた「明《みん》（王朝）」は1644年に崩壊。そのあとを継いだ建洲女真族の「清《しん》」も、1900年代になって内乱と欧米列強の外圧で衰退。

1912年、孫文・袁世凱《えんせいがい》による共和主義革命「辛亥《しんがい》革命（干支の辛亥《かのとい》の年）」によって「清」が崩壊、「中華民国」が生まれる。

元薩摩藩士で戊辰《ぼしん》戦争、西南戦争で名を馳《は》せ、欧州への外遊2回の軍人がいた。その名は川上操六。

まだ清が在った頃（1894年）、朝鮮半島南部で「東学党の乱」が勃発。「東学」は、「西学（カトリック）」を排除するのを目的とした東洋思想の宗教団体。郡主の圧政に苦しむ農民を、この東学党が援《たす》け、反乱を起こす。

李朝は清国に出兵を要請。

この時、待ってましたとばかりに朝鮮に兵を送り込んだのが日本であった。

これより前、明治政府は朝鮮国内の混乱（壬午《じんご》事変〈1882年〉、甲申《こうしん》事変〈1884年〉など）後、清への依存を強める朝鮮に対し様々な対抗処置を取っていた。日清関係も悪化し、その状況を打開するため1885年、両国は朝鮮から撤兵し、今後出兵する際には互いに事前通告することを決めた「天津《てんしん》条約」を締結した。

清が出兵すると、日本も条約に従ってこれに対抗して出兵したのだ。朝鮮にとっては〝お呼びでない〟ものであった。

東学党の乱が鎮圧された後、清は朝鮮における宗主権を主張。この時、参謀次長であった川上操六は外交に先んじて動員出兵を断行し、日清戦争となる。

日本は日清戦争に勝利し、川上操六は陸軍大将にまで出世。

「参謀本部御用嘱託」であった関屋祐之介は、なんとこの川上操六の秘書に任じられ、〝川上先生〟と共に世界中を飛び歩き、日本の各界重要人物とも懇意になる。

日清戦争終了時、祐之介は政府から叙勲を受け、多くの会社の重役となる。

〝実業家〟の夢を果たした彼には、想像を超えた収入が入ってき、やがて明治35年、池田愛子と結婚することになる。

敏子の祖父母と伯父

敏子の祖父となる、チャールズ・ウィリアム・ル・ジャンドル（Charles William La Gendres）の乗った客船は、今静かにアモイ（厦門・シアメン）の港を離れ、右手に台湾を眺めながら一路日本をめざしていた。

清国のアメリカ領事としての激務をようやく終え、43歳の彼は、あとはのんびりと今は故国となった、アメリカの牧場で牛でも飼って余生を送ろうと考えていた。

思えば激動の半生であった。

ル・ジャンドルは、１８３０年フランス南東部リヨンに近いウランに生まれた。ランス大学、パリ大学に学んでいる。父は古典主義彫刻家で高等美術学校教師であった。１８５４年24歳のとき、ニューヨークの著名な弁護士の娘クララ・ヴィクトリア・ミュロックとブリュッセルで結婚した。結婚後すぐにアメリカに移住・帰化している。

『関屋敏子の生涯』（渡辺　議・著）には〝敏子の祖父ル・ジャンドルは、アメリカ南北戦争の勇将として知られ〟とあるが、詳細は分からない。そこでウィキペディアなどで少し調べてみた。

　南北戦争は1861年から1865年。――ちなみに同時期（1861～67年）隣国では、植民地化を狙うナポレオン3世の出兵よるメキシコ内乱（フランス干渉戦争）が起きている。日本は幕末動乱のときで、世界は激動期であった。

　ル・ジャンドルは戦争が始まると、志願兵募集に協力し、61年の10月に少佐に任官している。その後、各地の戦闘に出征し戦功を上げ、負傷しながらも中佐、大佐と進級して、64年には再度重傷を負ったが、戦地に残り後方支援に貢献した。

　後に名誉除隊したが、65年には准将に名誉進級した。翌年、厦門《あもい》の領事を命ぜられ、外交官の道を歩む。

　その後領事として赴任した清国よりの帰り途《みち》、ちょっと日本をサイトシーイングしていこうか……。

　横浜に着いたル・ジャンドルはまず、駐日米国公使デ・ロングのところに挨拶にうかがう。

　公使は外務卿副島種臣《そえじまたねおみ》に彼を引き合わせる。

副島はル・ジャンドルと会話を交わすうちに、この男が並々ならぬ人物ということに気付く。

フランス生まれのアメリカ人。南北戦争の体験者で、清国の領事として東洋の事情にも詳しい。

時は明治5年、出来たばかりの新政府にとって外交、軍事顧問としてこれほど望ましい人物はいない。まるで神様が連れてきてくれたようなものではないか！

副島は何度もル・ジャンドルに日本への協力を要請するが、この外国人は〝そんなつもりで日本に来たのではない。すぐにアメリカに帰ります〟と。

あわてた副島は、明治政府の超大物大隈重信侯爵（早稲田大設立。2回の大隈内閣主班）のところに飛んで行く。

数人の重鎮で相談した結果、全国に「花嫁さがし」のお布令を出す。

すぐに越前松平家の方面から連絡が入る。

名前は池田絲《いと》・16歳の美少女。

幕末の四賢侯の一人、松平春嶽とその寵姫《ちょうき》との間に生まれ、生後すぐ藩士の池田家の養女となり、当時は東京に在住。

絲は、己《おの》が運命に従って承知する。

こうして彼女は大隈侯の義妹として、同侯爵家よりル・ジャンドルに嫁いで行く。

日本に定住したル・ジャンドルは外交上大きな役割を果たし、明治天皇は彼に勲二等旭日重光章と十六菊花紋の刀剣をご下賜。

伯父の15代目市村羽左衛門と。
『関屋敏子の生涯』
（渡辺議・著　島田音楽出版より）

やがて絲は最初の子供「録太郎」を産むが、ル・ジャンドルはなぜか男の子は望まないで、養子に出す。その養子先で、録太郎は15代目市村羽左衛門《うざえもん》として大成する。

『世界人名辞典』（東京堂出版）にも〝すぐれた容姿で晩年まで二枚目役として尊重された。当たり役は「判官」「弁天小僧」「切られ与三」等々〟とある。

この大物俳優と敏子は「おじ」「めい」の関係にあったが、世間にはそのことを公表しなかった。それでも「おじ」の方は、なんとなく敏子が自分と深い関係にあることを察知し、なにくれとなく彼女の演奏活動をサポートしてくれたのである。

絲が産んだ第2子は女の子で、ル・ジャンドルも大喜び、名前を「愛子」と付けた。この愛子が敏子の母となるわけであるが、むごい運命は絲と愛子を残したまま、ル・ジャンドルは朝鮮へと旅立ってゆく。

朝鮮に野望を抱く伊藤博文公爵が、ル・ジャンドルを李王家の顧問として送り込んだのである。

国王の信頼と加護を受けて任を果たしていたル・ジャンドルであったが、1899（明治32）年9月1日、王宮での彼の誕生祝賀会に出席して帰宅後、急逝。70歳であった。

そしてそのちょうど10年後の1909年、伊藤博文は満州視察の途次、ハルビンの駅頭で韓国の民族主義者・安重根に射殺された。伊藤は日韓併合の準備を着々と進めていたもので、たしかこの暗殺日を、韓国は祝日に定めていたと筆者は記憶している。

ル・ジャンドルが没してから14年後、絲は動脈にしこりの出来る病気のため、この世の人でなくなる。享年58。

ル・ジャンドルと絲の娘・愛子は、すでに記した関屋祐之介と結婚。その第2子が、この物語の主人公・関屋敏子である。

敏子の生まれた家は、東京小石川（現文京区白山）にある2000坪の大豪邸。

祐之介自身も、いくつもの大会社の重役を兼務する大金持ちであったが、2000坪のこのお屋敷は、ル・ジャンドルがその昔、私邸として購入したものである。

録太郎を養子に出したため、言ってみれば愛子は〝ひとり娘〟であり、当然の結果、この豪邸は彼女がひきついだ。

広大な庭には、種数もさまざまな無数の椿が咲き乱れ、近所の人々はそれを〝椿御殿〟と呼んだ。

明治37（1904）年3月12日に生まれた敏子は、この椿御殿で何不自由なく、すくすくと成長した。

「ナカさま（23歳の、乳母のような存在）、フナさんが釣れましたわ」

「まぁ、おじょうさまはお上手ですねえ！　いまはずしてあげますね……」と、はずしたフナを掌において、そっと池の水に戻してやる。

しばらく池で遊んだのち、

「じゃあ次は椿のネックレスを作りましょうか」

敏子とナカさんが広大な庭を歩いてゆくと、椿の花がボトッボトッと音をたてて２人の前に散る。それを集めて、大きなネックレスにする。

それが終わると、手廻しのＳＰレコードで童謡を聴き、敏子がそれにあわせて歌う。

「お嬢さまの歌は、いつ聴いてもすばらしい！　大きくなられたらきっと歌姫になられますわ」

「――歌姫ってなぁに？」

「たくさんの人の前で、きれいなお洋服《べべ》を着て歌って、拍手をいっぱいいただける人のことを歌姫って言うんですのよ」

ナカさんの予言は見事に的中することになるのであるが、父母をはじめ他の人も全員が敏子に対して甘い態度で接した。

が、ただひとり祖母の絲子だけは、時に厳しく敏子をしつけた。

「あなたのおじいさまはね、日本のお国のためにものすごく働いて、出来たばかりの日本を世界の一流国にまで押し上げた方なのよ。だからル・ジャンドルおじいさまの名を汚さぬよう、敏子もすべてにきちんとしてちょうだいね」

この躾《しつけ》が効きすぎたのかどうか、敏子はハメをはずすということが一切なく、幼少時から、とにかく真面目に真面目に人生を過ごしたのである。

が、幼年時代の〝まじめ〟は〝暗いまじめ〟ではなく、〝天衣無縫〟とでもいうものであった。すなわち天人の衣のように縫い目がなく、人工がない分、完全に自然に出来上がっており、その笑顔はまさに天真爛漫のお手本のようなものであった。

声楽家として名前が売れ始めた頃の敏子を、作家の吉屋信子は以下のように書いている。

〝ある座談会に出席する関屋敏子さんを迎えに行った時のことである。彼女は父親にべったりと甘えきっており、まるで小学生のよう。とても22歳の成人した婦人とは思えなかった。声は美しくとも心はまだ幼く、裏も表もない単純そのもの。こうした人が関東大震災後の日本にも居るということに、私は感心もし、そして大変に驚いた〟

噂《うわさ》によれば、敏子は生涯において一度もお金を使って買物をしたことがなかったというが、もしかして本当であったのかもしれない。

　そしてさらにもしかして、そういう浮世ばなれした〝ベビーちゃん的性格〟のために、結婚生活が破綻し、声を喪《うしな》って収入も途絶えたとたん、短絡的に自ら命を絶ったのではなかったか。

日本のハーフ・クォーター列伝

関屋敏子の母は「ハーフ」であり、従って敏子は「クォーター」。

全体のレヴェルの低かった初期の日本洋楽界（特に「声楽」や「ポピュラー・ソング」）において、頭角を現した多くの者が西欧人の血の混じった人たちであった。

和製ヴァレンティノ、藤原義江（左）とルドルフ・ヴァレンティノ（右）。南イタリアのカステラネート出身。世紀の美貌と謳われた。『日本人歌手 ここに在り！』（江本弘志・著　文芸社より）

・藤原義江《ふじわらよしえ》

その名を現在《いま》も「藤原歌劇団」に残す、日本で最も名前を知られている歌い手（テノール）。

生まれた時の名前は坂田義夫。私生児で、母の名が、坂田キク。

キクの父が株で失敗し、彼女は琵琶弾きの芸者になる。その弾き語りは相当な腕前であったらしいが、どうあがいても検校《けんぎょう》にはなれない。

裏社交界《ドゥミ・モンド》の女性の生き方はひとつしかない。瓜生商会という貿易会社の偉いさんで、スコットランド出身のネール・ブロディ・リードの愛人となり、妊娠する。

大あわてしたリードは、諸方に手をまわしてキクを追い払った。やって来た代理の者という人に、キクと子供が一生楽に暮らしていけるだけの大金を渡すが、キクと義夫には一銭も入らない。

義夫の顔は完全な西洋人で、それは当時敵国であった〝露助顔〟と呼ばれ、どこへ行っても歓迎されなかった。

流れ流れて大分の杵築《きつき》へやって来た時、ある旅館のご主人（藤原姓）に、「えっ、父《てて》なし児か、ほんなこつ不憫じゃのう。よし、ワシが認知ばしちゃろうバイ」というわけで、坂田義夫は「藤原義江」と姓、名ともに変わったのである。

九州のある地方では、男の子に女性の名前を付けると元気に育ち、幸せになるという言い伝えがある。まっことそれまで、不運を絵に描いたようだった義夫に、徐々に好運が訪れ始める。

青年になって訪ねていった下関の父の家。父親は「本当にワシの子か?」と冷たいが、会社の番頭さんが「社長、誰が見たってあなたのお子さんですよ!」。

義江は当時、田谷力三《たやりきぞう》に憧れて浅草オペラに入っていたが、そこのリーダーの伊庭孝《いばたかし》から「イタリアへ行ってカルーソを聴いてこい」といわれる。

旅費を頼む義江に「よし、なんとかしましょう」と番頭さん。

義江に文字通り〝幸運〟が訪れ、やがて彼は日本で一番有名な歌い手になる。

筆者は高校1年生の時に彼の歌をリアル・タイムで聴いた。私より43歳年上の彼は当時ちょうど60歳。持病のパーキンソン氏病が悪化し、左手全体がブルブルと大きく震えっぱなし。徳島駅前のビルの小さな会場に集まった100人くらいの聴衆たちは、それでも、何を言っているかよく分からない〝我らのテナー〟の歌声に、大きい拍手を送ったのであった。

・喜《き》波《わ》貞《てい》子《こ》

藤原義江がミラノに着いてすぐ、スカラ座のロビーでひとりの日本人女性に出逢う。当時イタリアには日本人はほとんどいなかったから、2人はすぐに親密になる。普通なら絶対に深い仲になっているはずなのに、喜波は許そうとはしない。

藤原には日本に6歳年上の、歌の先生でもあり、奥さんでもあり、我が子の母親でもある安藤文子（有名ソプラノ歌手）がいた。喜波はそのことを知っていたので拒み続けたのであるが、自分の名前（貞子）にかけても軽はずみな行動はとれなかったのである。

喜波貞子。CD「日本洋楽史　声楽・女声篇」より

喜波貞子は根っからの〝おばあちゃん子〟であった。

祖母の名は山口きわといい、「喜波」はこの「きわ」からとったもので、「貞子」は祖母のように〝貞節〟に生きようと自ら名付けたものなのだ。

この山口きわの夫は、オランダの薬学部を出たあと、日本政府から薬学の先生として招《しょう》聘《へい》されたオランダ人であった。

きわの産んだ娘は「つる」といったが、つるが結婚したのもオランダ人（オートクチュール店経営）で、つるの子供が喜波貞子。だから喜波の祖父も父もオランダ人で、祖父の方は熱狂的な音楽好き。3歳の頃にすでに貞子は、〝わたしはオペラ歌手になる〟と宣言したのだとか。

貞子15歳の時両親は離婚し、しかもその直後に父が自殺。こうして貞子は大のおばあちゃん子となる。

彼女たちは横浜に住んでおり、女学生だった貞子は姉と一緒に東京のサルコリ先生のところへ、歌とギターとマンドリンを習いに行っていた。

貞子の歌の才能を見抜いたサルコリ先生は、

「日本にいるとヘンなくせがつくし、上野の東京音楽学校の横やりが入るから、すぐにイタリアに行きなさい」とミラノのヴァンツォ先生を紹介される。

〝日本人にイタリア・オペラが歌えるものか……〟と乗り気でなかったマエストロだが、

彼女の一声を聴いたとたん〝よし、2年後に「マダム・バタフライ」でデビューだ！〟と。

貞子はヴァンツァ先生のところにレッスンに来ていたポーランド人のバリトン歌手と結婚。夫は貞子の専属マネージャーとなり、彼女は大人気の「蝶々夫人歌い」となって、ヨーロッパで1000回以上、このオペラを歌うことになる。

・ミッキー・カーチス

歌手・俳優・バイク製造・落語家・華道と多才なのだが、ここで採り上げたいのは「ロカビリー歌手」。

ロカビリーと言ってもご存じない方も多いと思うが、戦後の若者たちの鬱屈した精神を救い導いた一大音楽ブームである。

仕掛け人は渡邊美佐、20歳を過ぎたばかりのお嬢さん。母親がクォーターで英語ができたので、米軍キャンプへ派遣するジャズ・バンドのマネージャーをしていた。娘の美佐も同じような仕事をしていたが、最盛期を迎えていたジャズの凋落《ちょうらく》を予想し、当時芽生え始めていた「ロカビリー〈ロックンロール＋ヒルビリー〈カントリーミュージック〉〉」をフィーチャー。

「ジャズ喫茶（今日でいうライヴハウス）」を巡り歩き「ロカビリー3人男（平尾昌章――後に昌晃、山下敬二郎、ミッキー・カーチス）」を中心とした20人ほどの歌手を集めて、いきなり日本劇場という大劇場で「ウェスタン・カーニバル（ロカビリー・ショー）」を開催。

昭和33（1958）年2月7日、大した宣伝もしなかったこのコンサートの入場者が、初日9500人、1週間に延べ45000人という驚異的な数字を叩き出して、ロカビリーは社会現象となる。

この時筆者は17歳、大田舎・徳島の高校2年生。ちょうど修学旅行が東京で、同級生とタクシーを使って新宿と銀座の〝ロカビリー喫茶〟巡り。

「修学旅行報告会」で全校生徒の前でロカビリー喫茶訪問咄《ばなし》をし、「ダイアナ」を歌って即、校長室へひっぱっていかれる。

まぁそういう武勇伝はさておいて、言いたいことはミッキー・カーチスのずば抜けた歌の上手《うま》さ。

この項では〝歌は遺伝〟ということについて述べているのだけれど、彼ミッキーも、父母も共に「日英のハーフ」。ハーフとハーフの子供は何というのだろう？　やはりハーフ？

「サラ・ブレッド（thorough bred全血）」ではないにしても、見た目も完全に外国人。筆者の〝顔判断〟によると、彼のそれはイギリス的でなく、イタリア系。また「カーティス」というのはイタリアの名前で「帰れソレントへ」の作曲者も「デ・クルティス（英語読みでカーティス）」。俳優のトニー・カーティスも、顔・表情ともいかにもイタリア的。

大阪の小さなホテルで「ミッキー・カーチスの一夜」みたいなコンサートがあった時、彼にこの件について話してみたが、全くの無反応だったので〝イタリア系〟の件はご存じなかったのかもしれない。

完璧な英語、（日本人には）ありえないほどのリズム感、明るくハリのある声――ロカビリーのジャンルだけでなく、すべての日本人歌手の中でのナンバーワンだ。日英のハーフとハーフの間に出来た、かなり濃厚なヨーロッパの血。ましてやイタリアのそれが加わっているとすれば、歌上手は当たり前だ。

後年何もかも捨てて、バンドだけ連れてアメリカへ行った時もバカ売れで、ピンク・フロイドとツアーもしたし、テン・イヤーズ・アフターとも共演したのだそうな。

・アン・ルイス

日本で一番上手い男性歌手がミッキーなら、女性では文句なしにアン・ルイスだ。

昭和49（1974）年の某日、なかにし礼はサラサラと一気に書き上げた詞を平尾昌晃に送付。

平尾もあっという間に曲を書いて、なかにしに返送。

18歳になったばかりのアン・ルイスが歌い、2枚目のシングル「グッド・バイ・マイ・ラブ」は衝撃の大ヒットとなる。

清楚で明るく張りのある声。曲の間のモノローグ（セリフ）の英語力の確かさ。お目めパッチリ、豊かだがスキッとしまった唇。

スター街道の頂点に登ったのに、なぜか〝露出〟が少ない。

ずっと後に記者会見で彼女は、自分が「パニック障碍」であることを告白して、それで露出が少なかったのだと判明する。

「パニック障碍」とは、幼少時の恐怖の体験、たとえば蛇に出合った、犬に追っかけられた、いじめに遭った等々を脳の一部が覚えており、蛇などの刺激がなくとも脳が勝手に思い出して〝どうしよう〟となり、過呼吸を起こす。

テレビ出演など緊張する場面では起こりやすいが、舞台で跳びはねている間はほとんど何ともない。

大阪厚生年金会館での彼女のショーを見たが、終始歌って踊って走りまわるヒート・ショー。

直後にその舞台がテレビ放映されたので録画（ＶＨＳ）し、ワイフと繰り返し見、その度に拍手した。この手のコンサートを何度もヴィデオで見たのは、アン・ルイスのそれが唯一である。

当時我々は、彼女はアメリカ娘が何らかの事情で日本で育ったのかと勝手に思っていた。が、それはカン違いで、彼女の母は日本人で、父はアメリカ海軍の軍人。

宝塚市に生まれ、横浜本牧の米海軍の住宅街ベイサイドコートで育つ。

うんと若い頃はアイドル路線に沿っていたが、「グッド・バイ・マイ・ラブ」のヒットのあとは路線変更。歌謡ロックと称して「ラ・セゾン」「あゝ無情」、そして日本ロックの不滅の傑作「六本木心中」。

平成25（２０１３）年、元夫の桑名正博と息子美勇士との親子３人のＣＤを出したあと、完全に芸能界から引退した。

というわけで欧米の歌を歌うためには、いかに〝欧米の血〟が入っていることが大切か分かったと思う。

では、日本で〝断トツ〟の関屋敏子の場合はどうだったのだろうか？

これがヤッパリ、きっちりと「その血」は流れ込んでいたのである。

天才の芽生え

幼稚園を終えた敏子は、東京女子高等師範学校（現お茶の水女子大学）附属小学校に入学。その3年の時であった。

当時の皇后陛下（昭憲皇太后）は女子教育に意欲を燃やしており、敏子の小学校にも学習視察にやって来ることになった。

明治45（1912）年6月3日のさわやかな初夏。皇后陛下は午前中授業をご覧になり、午餐《ごさん》のあと、生徒たちの得意科目を見学された。

御前独唱（小学3年生）。『関屋敏子の生涯』（渡辺議・著　島田音楽出版より）

歌が得意だった敏子は選ばれて、現代の人もよく知っている「春が来た」と「ふじの山」を歌った。伴奏は小松耕輔（後述）夫人の廣子さんであった。

皇后陛下は敏子の歌のあまりの上手さに

♩= 120
はるがきた はるがきた どこにきた やまにきた さとにきた のにもきた

「春が来た」 高野辰之作詞　岡野貞一作曲　春が来た—ウィキペディアより

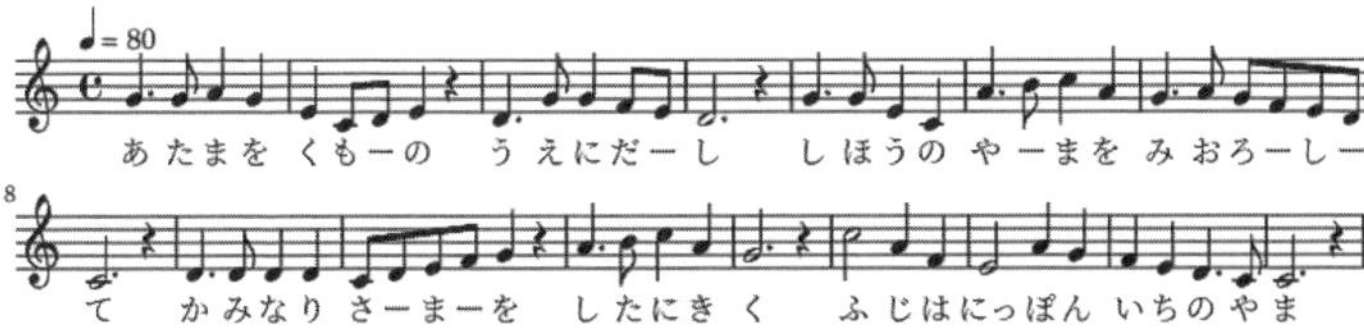
♩= 80
あたまを くもーの うえにだーし しほうの やーまを みおろーしー
8
て かみなり さーまーを したにきく ふじはにっぽん いちのやま

「ふじの山」 巖谷小波作詞　作曲者不詳　ふじの山—ウィキペディアより

目を見張られ、深く頷《うなず》き、そして盛大な拍手を送ってくださった。

そのあとで敏子は、黒板に貼られた大きな用紙に「枝が少ィ、花が多ィ」と書き、また虹の絵も描き、そのどちらも陛下は皇居に持ち帰られた。そして〝この学校の学習状況は大変に良い〟とのおほめの言葉とともに、金一封を学校にご下賜くださった。

この日をきっかけに敏子は、ナカさんの言っていた「歌姫」になろうと強く決意する。

父親には使いきれないお金が入ってきたから、敏子はありとあらゆるお稽古に親しむことができた。

皇后陛下の前ですらすらと書いた習字や絵が、皇居にまで持ち帰られたのもこのお稽古のおかげといえよう。

東京音楽学校出身の若柳吉登代《きちとよ》という人から踊りと長

唄を習っていたが、その若柳社中の発表会で敏子は「初しぐれ」を唄った。

その時、偶然来聴していた柴田環（後の三浦環）が敏子の音感の鋭さに驚き、後日敏子の家にやって来る。


挨拶が終わり、環が言う。

「実は先日敏子さまの『初しぐれ』を偶然聴きまして、その音感は日本人に2人とない、私のそれよりもはるかに鋭いものと認識しました。この日本の宝をぜひとも育て、世界の頂点に立つ歌い手に育てたい、とそう思ったわけでございます。

もれ聞くところによりますと、お父さまは何度も洋行され、オペラにもお詳しいとうかがっています。

私は洋行したことがございません。もしよろしければヨーロッパのオペラ事情のようなものをお教え願えないでしょうか」

「ちょっとお待ちください」と祐之介は、5分ほどしてから、メモのようなもの持って帰ってくる。

「川上操六先生についてヨーロッパに行きましたが、先生は、これからの時代、軍事や政治だけでは日本はいつまでたっても世界の後進国のままだ。我々日本を指導する立場の者も、充分に理解はできずとも美術館やオペラ・ハウスを観てまわらねばならぬ。そういうお考えで、私もそうした、もろもろのところへ連れていっていただきました」

と言って、ちょっと茶で喉をうるおす。

「オペラ・ハウスも20館ほども連れていっていただきましたが、特に印象に残ったものだけを申し上げましょう」とメモを見ながら言う。

「日本もずっと将来、いつの日かオペラ・ハウスを建てることもあろう。その時の参考に、オペラ・ハウスが正式に名乗りを上げた日をメモしてきました。どのオペラ・ハウスも最初から威容を伴ったものであったわけではなく、掘っ立て小屋から始まったものであると聞きます。

商業としてのオペラが始まったのは１７００年の前後、はじめはヴェネツィアに、次いでナポリ。ですから私が洋行した１８９０年のわずか２００年前から、プロとしてのオペラは始まったのです。最初の頃はオペラといえばイタ

1912年に建てられたドイツ・オペラ・ハウスの彫版。『グランド・オペラ 世界の歌劇場にみるオペラの歴史』（音楽之友社より）

スカラ座のボックス席。アセッサンドロ・フォコージ画からの版画

ミラノ・スカラ座。アンジェロ・インガッニ画

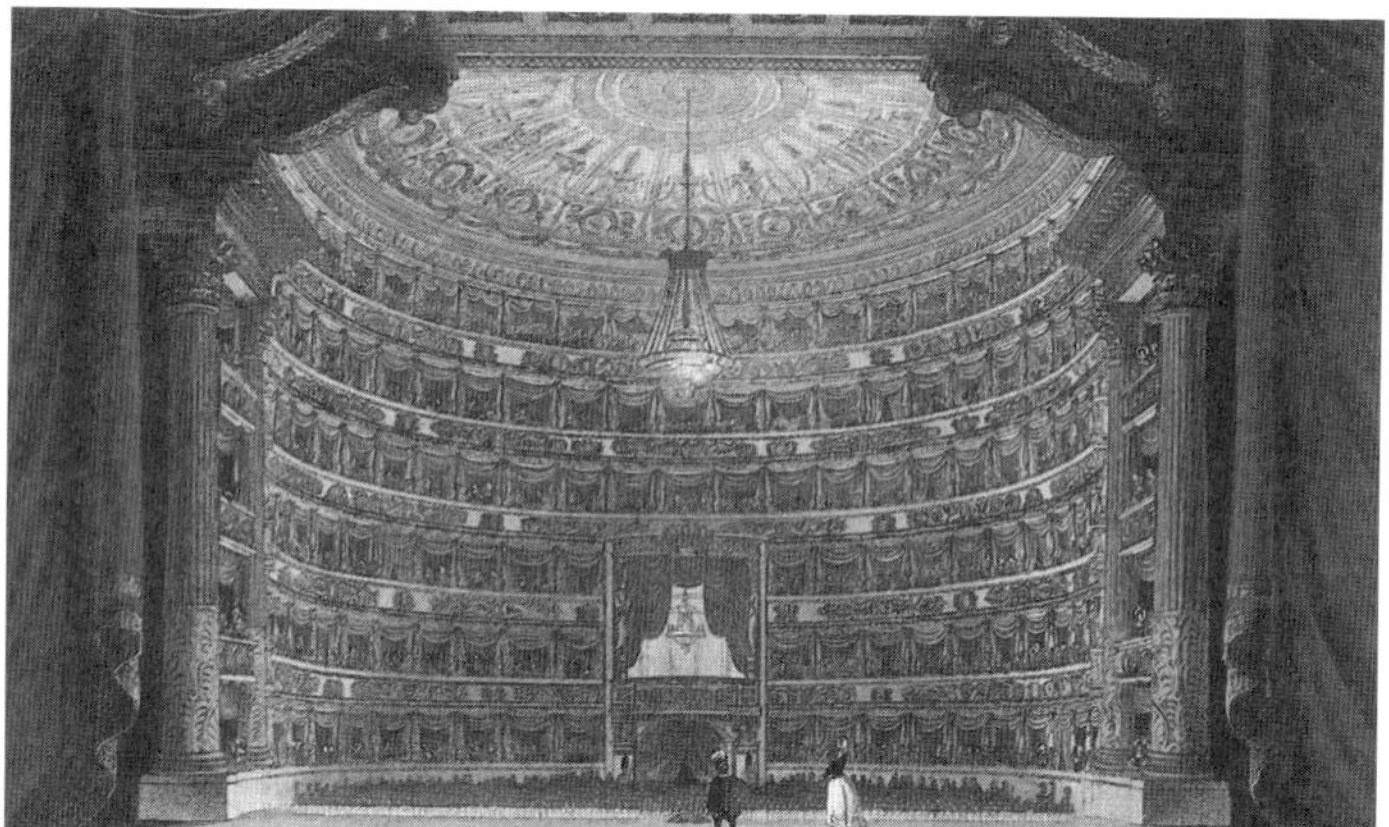

スカラ座の内部

『イタリア・オペラの黄金時代　ロッシーニからプッチーニまで』
（音楽之友社より）

シャルル・ガルニエの傑作、パリ・オペラ座

『グランド・オペラ　世界の歌劇場にみるオペラの歴史』（音楽之友社より）

ヴィクトリア女王とプリンス・コンソートがコヴェント・ガーデンでナポレオン3世とユージェニー皇后をもてなす

リアでしたが、1800年代になってフランス、ドイツ、イギリス等々に各民族の言葉、物語を使った国民オペラが出来てきたのです。

我々日本は、近代創世期にはすべての物事においてドイツを範としてきましたから、川上先生が最初に行かれたのもドイツでした。『ベルリンの国立歌劇場』（1740年頃落成）。

次に行ったのがイタリアで『ミラノ・スカラ座』（1778年）。

そしてフランス『パリ・オペラ座』（1861年）。

最後に、フランスから船でドー

メルバの肖像写真。
ウィキペディアより

ヴァー海峡をひと渡りのイギリス『コヴェント・ガーデン王立歌劇場（ロンドン）』（1732年）。

「まぁ、うらやましいですわ。どのオペラ・ハウスがよかったですか？」

「どれもこれも、日本人から見たら夢のようなところです」

「私はソプラノという女性の高い声のパートを歌う者なんですが、どなたか参考になるような歌い手さんに出会われたでしょうか？」

「ちょうど私が『コヴェント・ガーデン』を訪れたまさにその日に、そこで歌ってくれた名歌手がいました。名前は、ネリー・メルバ。彼女はオーストラリアのメルボルン出身で、だから『メルバ』――幼名は『ネリー・ミッチェル』というのだそうです。

父はスコットランド出身の建築技師で、宗教的な理由から、歌の上手かったネリーに舞台に上がることを禁じました。母はスペイン人で、ピアノをよくし、娘に、夫に内緒で音楽を教え込みました。

メルボルンのオーストリア領事の夫人に美声を認められ、パリの女性声楽教師マティルデ・マルケージ（有名なマヌエル・ガルシアの弟子）を紹介されます。めきめきと腕を上げたネリーは、１８８７年にブリュッセルで『リゴレット』のジルダを演じました。

それがあまりの評判で、翌１８８８年には一気に『コヴェントガーデン』での公演となりました。それから彼女は毎年『コヴェント』を中心にイギリスで歌います。そしてその中の一日に私は彼女と出会ったのです。ラッキーでした。

その澄みきった、天上をころがるようなコロラトゥーラを聴いていると、もし娘が生まれて歌い手になったら、こんなふうになってほしいと思いました。

そしてその日から十数年目に生まれた敏子がネリー・メルバのようになる可能性があるという環先生のお話、なんともうれしい限りです。先生、ぜひとも敏子をメルバさんのようになるよう教育してやってください」

ここでお手伝いが紅茶とショート・ケーキを持って現れる。

「どうぞ召し上がれ。私もいただきます」と祐之介。ややあって、

「ところで環先生、『ピーチ・メルバ』をご存じですか？　ケーキを見て思い出しました」

「いえ、存じ上げません」

「『コヴェント』でメルバを聴いたあと、隣接したレストランへ入りました。すぐに25歳くらいのウェイトレスさんがやってき、

『ネリー・メルバ・コンサートにいらしたのですか？』

『そうです、日本から来ました。――こちらは日本の陸軍少将・川上操六先生です』

ウェイトレスはニッコリとほほえみかけ、川上先生も軽く会釈をしました。

『わたくしには、日本は想像もできないくらい遠いところです。――せっかくなので、今夜はメルバさんの名前のついた2つの料理をお召し上がりください。

最初に前菜とともに出てくるのは〝メルバ・トースト〟。カリカリに焼いた薄切りのトーストのことです。そして最後にお出ししますのが、世界的に知られている〝ピーチ・メルバ〟、これについては、またその時にご説明させていただきます』

と、そんなやりとりがありました」

「ところで祐之介さまは、ヨーロッパでの会話はすべてご自分でなさっておられたのですか？」

「いやいや、フランス語、イタリア語、スペイン語はほとんど分かりません。ただドイツ

には留学していましたし、実は英語はドイツ語に非常に近いのです。環先生もそのうちヨーロッパに行かれるでしょうから、今からお話しすることは何かの参考になるかと思います。

ローマ帝国がイギリス——といってもイングランドが中心ですが——を支配したのが紀元43年。それから400年して、ローマ帝国全体が衰退し、イギリスから撤退していきます。その空いたところにすぐさま乗り込んできたのが、ドイツ北西部の『アングル県人』と『サクソン県人』、彼らはまたたく間にイギリスを征圧します。

だから当然、その〝地《じ》〟の言葉はドイツ語なわけですし、英語の単語の約7割はドイツ語由来で、あとの3割がローマ帝国の言葉であるラテン語だと思われます。

たとえば、です。

①英語の walk（ウォーク　歩く）の語源は、ドイツ語の walken（ヴァルケン　歩く）。

②英語の wash（ウォッシュ　洗う）は、ドイツ語の water（ヴァーター　水）から来ています。

③英語の word（ワード　言葉）は、ドイツ語の wort（ヴォルト　言葉）から。

④英語の work（ワーク　働く）は、ドイツ語の werken（ヴェルケン　働く）から。

どうです？　ほんの一例ですが、英語がドイツ語から生まれたことがよく分かりますね。
ところがですね、①の例でお話ししましょう。ドイツ語のwalken（ヴァルケン）から発したものなのに、英語のwalkは〝ワル（ルは無声音）ク〟ではなく〝ウォーク〟になっています。字面《じづら》は〝a（ア）〟なのに、なぜか〝o（オ）〟の発音になっているのです。

②の例でも〝a〟の字が〝ウォッシュ〟と〝o〟の発音。

逆に③ではwordの〝o〟が〝ワード〟と〝a〟の発音。④でも〝o〟が〝ワーク〟と〝a〟の発音になっていますね。環先生、何か不思議だと思いません？」

「ええ、本当に……」

「この原因はですね、イギリスの、ちょうど紀元1000年頃に『母音の大移動』なるものが生じたせいなのです。①と②の例のように『aがオの発音』になり、逆に③④のように『oがアの発音』になったのです。

はっきりとした原因は分かっていません。が、ポイントは『子音のlとr』にあるのではないかと言われています。特に「r」です。「r」はラテン語とその直系のイタリア語の最大の特徴を成すものであり、巻き舌によって強く発せられます。実は日本人で正しく巻き舌のできる人は、わずかに5、6パーセントではないかと言われています。

事情はイギリスでもやや似たようなところがありまして、特にストックホルムと緯度がほとんど同じイングランド北方は極寒の地、烈《はげ》しい巻き舌はエネルギーを消耗しますし、寒冷気は喉を傷めます。それでだんだん自然発生的に巻き舌をやめていくうちに、rの前の母音が変化していったのではないかと推測されています。

だから紀元1000年頃まではwordはウォルド、workはウォルクと発音されていたようなのです。

巻き舌がイギリス人で廃れていった理由のひとつに、ずーっと昔々、ドイツはローマ帝国（イタリア）から〝北方の蛮族〟と蔑まれていたということもあるでしょう。現在ではイギリスは大英帝国となっているのに対して、イタリアはやっと統一と独立を果したばかりの弱小国です。

巨大化していったイギリスが、ローマ帝国の名残りである巻き舌を遠ざけ、その結果、rの前の母音が〝大移動〟し、『aがオ』に、『oがア』になったのではと考えられるのです。

ですから、この『大移動』による発音の混乱を除けば、ドイツ語を知っておれば英語の

「ろうそくの二重唱」のメルバとカルーソ。『グランド・オペラ　世界の歌劇場にみるオペラの歴史』（音楽之友社より）

習得はさほどむずかしいことではありません」

「というわけで『コヴェント・ガーデンのレストラン』のウェイトレスさんとも英語で話していたのですが、コース料理も終わり、いよいよ話題のデザートの時間になりました。

『お待ちどうさまでした、ついに『ピーチ・メルバ・デザート』の登場です。ヴァニラ・アイスクリームに桃のシロップ煮をのせて、さらに裏漉《うらご》ししたキイチゴ――これをメルバ・ソースと申します――をかけて召し上がっていただくという、大層手のこんだデザートでございます。おそらくは現在《いま》世界で最も流行《はや》っているお料理といってもよろしいでしょう。それではどうぞごゆっくり』

そう言ってウェイトレスさんは去っていきました」

「まぁ、おいしそう……」と環はのどを鳴らす。「で、どんなお味でした？」

「まさにトロけるような、雲の上で夢を見ているようなお味でした。環先生も、ヨーロッパへ行かれたら是非お召し上がりになってみてください」

メルバといえば、ある偶然から、メルバの歌う「見よ、やさしいひばりを」がユーチューブにアップロードされていることを発見した。「珍品レコード」（昭和47年「レコード社」発行。限定1000部のうちのNO．210）によると、メルバはこの曲を3度録音しており、よほど得意としていたことがうかがえる。

ラッパ吹き込みのため、音は大変良くない。が、そのことを差し引いても、この曲については関屋敏子さんの方がはるかにすばらしい。

ただし、オペラとなると、また話は全然別である（これについては、後述します）。

三浦環と「西洋の河原乞食」のこと

まだ幼い頃に関屋敏子の類まれな才能を見抜いた三浦環。彼女の存在がなければ、もしかしたら敏子もあの天分を発揮することがなかったかもしれない。

環は明治17（1884）年2月22日、現東京中央区京橋にて、当時は数少ない「公証人」柴田熊太郎（後に「猛甫《もうほ》」）の最初の子供として出生。父は「日本紳士録」に収載されるほどの多額納税者であった。

環の父、柴田猛甫
『考証　三浦環』（近代文藝社より）

環が歌にめざめ、当時〝上野〟と呼ばれていた東京音楽学校を希望した時、父は、

「『西洋の河原乞食』になぞ、なることは許さん。ただし、しっかりした固い男と内祝言を挙げるなら、話は別だ」と。

こうして択《えら》ばれた男が、陸軍軍医学校を卒業したばかりの藤井善一。作家の森鷗外も軍医で、年がら年中転勤していたが、藤井善一も同じ。内祝言してすぐに清国出兵に伴い天津へ赴任。環は東京音楽学校時代、ドイツへ留学する直前の瀧廉太郎から求婚されるも無視。というより「内祝言」は秘密であったから、返事のしようがなかったのである。

歌の才能にめざめた環は、音楽の道にのめり込んでゆく。一方、夫の方は転勤続きで、行った先でもやもめ暮らし。それでも10年近くも夫婦でいたが、ついに離婚。（元）夫の藤井は静岡掛川の出身であったが、それと同郷の男で三浦政太郎というのがいた。これが、もうずーっと環に恋い焦がれていて、藤井と環の内祝言を知った時、自殺しようと思ったほどであった。

リリー・レーマン
（ウィキペディアより）

藤井と環の離婚を知った政太郎は〝（これで）おけんたい〟とばかりに、環に求婚。

努力し、一高から（現）東大の医学部を出た三浦政太郎はドイツに留学することになる。

ちょうど妻の環も、ベルリンに居る歌手のリリー・レーマンに師事したいと思っており、2人はドイツに向かって出発する。

その出発の模様は、田辺久之著『考証　三浦環』によると、およそ以下のようであった。

1914（大正3）年5月20日は生憎の雨であったが夕方新橋停車場に見送りのため、親戚や友人、知人、門下生とその父兄達数百人がつめかけその歓送風景は花の咲いたような賑わいとなった。

環は紫縮緬《ちりめん》の裾模様の袷《あわせ》に絽《ろ》の被布《ひふ》を羽織って、髪は束髪、左手に黒皮のハンドバッグを持っている。政太郎は環の右後ろにやや離れリーゼントの髪をきれいに梳《と》かし、蝶ネクタイのフロックコート姿、謹厳な面持ちで軽く会釈を交わしていた。

門下生の関屋敏子が父祐之介に伴われ、可愛い振袖姿で環に花束を贈る。7時10分、汽車は黒煙をあげ新橋のプラットホームからゆっくりと離れ去った。

別離《わかれ》の間際になっても環は、ずっと敏子に言ってきた言葉を繰り返す。

〝ネ、あなたの声はイタリアものに向いている。だから、必ずイタリア人のサルコリ先生について勉強するのよ〟

ここでちょっと余談めくが、環の父の言った言葉、「西洋の河原乞食（になぞ、なることは許さん）」の意味を考えてみよう。そうすれば世間一般の人が歌舞伎やオペラなどの演劇界のことをどう思っていたかが分かると思うから。

まず「河原乞食」の「河原」は、京都四条の河原のことである。土地を持って農業を営む農民以外の庶民はすべて「人間でない（非人）」とみなされ、その多くは河原に住んでいた。

出雲大社の巫女《みこ》であった「くに（国）」は幼少時より踊りが上手く、そのかぶき踊り（念仏踊り）はどこへ行っても拍手喝采。当時は神社と仏閣は同居しており、やがて「出雲の阿国《おくに》」として勧進（仏の教えを勧め、正しい方向へ進ませる）の踊りを披露しながら、花の京都へと辿《たど》り着き、北野神社境内や京都第一の盛り場「四条河原」の大人気女優となる。

阿国《おくに》ひとりではカッコがつかないから、脇役の女、鳴り物、ガードマンなどを養わなくてはならない。物もらいと同時に、やむをえず一座の女たちはカラダを提供して、生活費や興業費を得るという構図になる。これが日本の「河原乞食」の実体である。

なお阿国に始まった女歌舞伎は〝社会風俗を乱す〟という理由で寛永６（１６２９）年に禁止され、以来（今でも）歌舞伎の女役は男（女形《おやま》）が演《や》っている。

では「西洋の河原乞食」は、どんなだったろうか。

フィレンツェのバルディ家で１５９７年に生まれた「オペラ」。最初は貴族の内輪の楽しみであったものが、やがてプロ化され、ヨーロッパ中に広がってゆく（１７００年代）。

すると当然、出雲の阿国たちが進んだのと同じ道を辿り、ヨーロッパの河原乞食が発生する。

端役の〝キリ〟の話をしてもしょうがないので、〝ピン（最高級のオペラ女優）〟もやはり河原乞食的生活を強いられていたという、２つの例を記してみよう。

〈ところで「ピンからキリまで」というが、ピンとキリはどちらが上等（下等）なのだろうか？　ピン・キリについては諸説あるが、「ピン」はポルトガル語の「ピンタ（pinta）（点、トランプカードの1）」でほぼ一致している。「キリ」については、萩谷朴《ぼく》著『語源の快楽』（新潮文庫）に従うことにして、花札の「12月の桐《きり》」。「女のみち」を大ヒットさせたグループ名が「ぴんからトリオ」で、自分たちが「1番」という意味でこう名乗った。だから現代では「ピン」の方が最上等で、「キリ」は下等。だが大昔はこれが逆で、「キリ」が上等、「ピン」が下等を意味したという。〉

話は「西洋の河原乞食」に戻るが、まずはロッシーニの奥さんのイザベッラ・コルブラ

若き日のジョアキーノ・ロッシーニ。ヴィンチェンツォ・カマッキーニ画

イザッベラ・コルブラン。ハインリヒ・シュミット画

ドメニコ・バルバイア

『イタリア・オペラの黄金時代　ロッシーニからプッチーニまで』
（音楽之友社より）

ン（1785〜1845）。当時最高のメゾソプラノ歌手の評価を得ていたが、その時の一流の女性歌手は低音から高音まで、全員、むらなく教えた（これにはその頃流行の「カストラート・去勢男性歌手」がそうだった影響が強くある）。

オペラ全盛期の1800年頃は、「インプレサーリオ」最盛の時代でもあった。直訳すれば「劇場支配人」であるが、劇場の建設、作詞家・作曲家の育成、歌手の養成等々、オペラ興業界の独裁者の名をほしいままにしていた。

最も有名なインプレサーリオの名は、ドメニコ・バルバイア（Domemicu Barbaia または Barbaja）であった。彼はミラノの貧しい家に生まれ、最初はカフェで働いていたが、コーヒーとチョコレート、クリームを混ぜた「バルバヤータ」を発明。大金持ちになった彼は、スカラ座の賭博場の経営権を皮切りに、ナポリのサン・カルロ劇場、ヌオーヴォ劇場等々の支配人となる。

歌い手の方も良い役に就きたいので、インプレサーリオには尻尾を振りながらやって来る。そんなうちのひとりが、絶世の歌姫イザベッラ・コルブランで、この項の話題に即して言えば、〝最高の河原乞食〟ということになる。

そんなコルブランが37歳の時に、7つ年下のロッシーニと良い仲になり、2人は結婚する。今でこそロッシーニは〝イタリア5大オペラ作曲家〟などと呼ばれているが、当時はバルバイアの指示ひとつでミラノからローマ、ローマからナポリ、ナポリからウィーンと馬車に乗って飛びまわっているだけの、言葉は悪いが〝パシリの作曲家〟。いや、これはロッシーニに限らず、オペラの作曲家はみんなそのようなものだった。

一方のイザベッラ・コルブランは、多少は老いたりといえどもまだ40前の、大プリマドンナだ。

もちろん本当のところのロッシーニの気持ちなんて、今となっては分かるわけはないが、〝これで生活も安定する。ヨーロッパ中を馬車で飛んでまわるのもこれまでだ〟と思っていたのかどうか……。

ロッシーニは37歳の時の『ウィリアム・テル』を最後にオペラ界から身を退《ひ》き、その後の約40年間、歌曲や、ピアノと器楽と声楽のための「老いの過ち」のような小さな作品を作りながら人生を終えた。

彼の突然の〝引退〟は今もって謎とされているが、①作風が時代にあわなくなった。②美食による超肥満から来る内臓疾患。③〝遊び人〟ゆえの諸性病（特に難治性淋病）。④妻との不和——結婚1年くらいで2人の仲は怪しくなり、別居。特にロッシーニが嫌った

牛フィレ肉とフォアグラのロッシーニ風

のは、イザベッラが劇場で歌うのを極端に減らし、弟子たちから大金のレッスン料をもらうようになったこと。

長い別居の末、イザベッラ死去。ロッシーニはその2年の後、パリの花柳界の〝浮かれ女〟オランプ・ペリシエと正式に結婚。こちらの方は上手くいき、ずーっと幸せに暮らしましたとさ。

なお、ロッシーニの美食について追記すると。彼は豪華なレストランを経営し、数々の創作料理を提供した。その代表作は、フィレステーキにフォアグラとトリュフのソテーを添えた「トゥールヌド・ロッシーニ（風）」。

こうして彼はパリ社交界の王様のようにふるまったが、その資金はどこから出ていたのだろうか。

1825年、フランス国王シャルル10世の即位に際して、記念オペラ・カンタータ『ランスへの旅』を作曲、国王に献呈し「フランス国王の第1作曲家」の称号を得る。その他オペラ劇場の監督等の功績によって巨額の終身年金を得たのである。

1868年、76歳で直腸癌《がん》のため死去。

彼がオペラの作曲をやめた理由について、現在《いま》でも学者さんたちが新説を唱えているが、単純にこの〝莫大《ばくだい》な終身年金〟にその原因を求めてもいいのではないだろうか。

ロッシーニのように〝公認の〟美食家のアソビ人の場合は、みんなわりと平気でどんなことでも公表する。が、「楽聖」ともなるとそうはいかない。伝記作家たちも、「聖人」の名を汚すような事実にはなるたけ触れまいとする。

たとえば「楽聖ベートーヴェン」には、別の人妻に産ませた子供が2人居たというのはご存じだろうか? これは精神分析界の重鎮・福島章先生が『ベートーヴェンの精神分析』で明らかにしたことである。

「楽聖ヴェルディ」の場合も同じで、人生後半の妻ジュゼッピーナは、貞節極まりないような人物に書かれていることが多い。(だから、ある程度想像するしかないのだが)実は彼女も〝(高級)河原乞食〟であった気配があるのだ。

ジュゼッピーナ・ストレッポーニ(1815~1897)は、ミラノの近くのローディ

少女時代のミノナ。『ベートーヴェンの精神分析』河出書房新社より。
ベートーヴェンには２人の人妻に産ませた２人の子供がいる。ひとりは男子のカールであるが、４歳で重病にかかり、障碍者となって39歳で没した。
女の子はミノナといった。「Mynona」はドイツ語の「anonym」を逆に読んだもので、英語の「no-name」を逆に読む「emanon」（エマノン・名無し）と同じものである。ミノナはがっしりした体型、強固な意志、高い誇り、自信に満ちた様子など、ベートーヴェンを彷彿させる。
成人後、彼女はウィーンに出て作曲（楽譜は今に伝わる）とピアノ教師で自活し、83歳まで生きたが、一生独身であったので、ベートーヴェンの遺伝子は今日には伝わっていない。

若き日のジュゼッピーナ・ストレッポーニ。『イタリア・オペラの黄金時代　ロッシーニからブッチーニまで』（音楽之友社より）

で生まれた。父親はモンツァ大聖堂のオルガン奏者で、オペラの作曲家でもあった。ジュゼッピーナはミラノ音楽院で学び、19歳でデビュー、翌年20歳の時に歌ったロッシーニの『マティルデ・ディ・シャブラン』が大好評。ウィーンで演じたベッリーニの『夢遊病の女』が大絶賛され、一生の十八番《おはこ》となる。

当時の彼女についての評論。〝澄んだ、透明な、よく通るスムーズな声〟〝上品な身のこなし、美しい容姿〟。ドニゼッティも彼女を高く評価し、オペラ『アデリア』を書いている（1841年、ローマで初演）。24歳からは「ミラノ・スカラ座」のプリマとして活躍。共演したテノールのナポレオーネ・モリアーニ、バリトンのジョルジョ・ロンコーニとの男女関係は知る人ぞ知る事実。その上、スカラ座の支配人バルトロメオ・メレッリとのことも噂され、産んだ私生児が3人。妊娠・中絶も多数。

そうした荒れた生活のためか、25歳で早くも声が衰え始める。

彼女とヴェルディが知り合ったのはこの頃であるが、当時は奥さんも子供もいたし（その後どちらも病死）、2人の仲は全くどうということはなかった。また、当時ヴェルディは処女作『オベルト』、2作目『1日だけの王様』は失敗に終わっており〝河原乞食ジュゼッピーナ〟にとっては何のメリットもない男性でしかなかった。

ジュゼッペ・ヴェルディとロンコーレにあるその生家。『イタリア・オペラの黄金時代　ロッシーニからプッチーニまで』（音楽之友社より）

ところが3作目『ナブッコ』が、当時のイタリア独立の気運に合致し、その荒々しい音楽が大受けに受ける。

第3幕・第2場「ユーフラテス河畔」のシーン。ユダヤ人たちは故郷に帰れる日を待ちこがれて神に祈る。「想いよ金の翼に乗って行け」。当時オーストリア等の諸外国に支配されていたイタリア、その人々が再び昔日の大ローマ帝国に戻れることを希《ねが》って、聴衆も大斉唱。今日でもこの歌は〝第2の国歌〟のような存在になっている。

先ほどちらっと出てきたスカラ座の支配人メレッリが、白紙の小切手をヴェルディに送ってきた。

『ナブッコ』の売り上げへのお礼と、これからもよろしくな、の意味。ナブッコが奴隷に生ませた娘、アビガイッレの難役を歌ってくれたジュゼッピーナに、ヴェルディは相談する。ヴェルディの名前はジュゼッペであるが、同じ名前のジュゼッピーナに運命的なものを感じていた彼の心は、急速に彼女の方へ向かう。

「ヴェルディ」は「緑」という意味であるが、その名の通り〝根は百姓〟の田舎者を自認するヴェルディ。彼は、白紙小切手にいくら記入してよいのかさっぱり見当もつかない。

ジュゼッピーナいわく、

「約10年前（1831年）、ベッリーニの『ノルマ』が同じスカラ座で大成功した時の報酬が8000オーストリア・リラ。これと同じでどうかしら」

彼女はオペラのことだけでなく、いわゆる世間の常識や社交界のマナーも熟知。フランス語に加えてスペイン語もできたため、ヴェルディ後年《こうねん》のオペラ『イル・トロヴァトーレ』や『運命の力』（原作はスペイン語）等はジュゼッピーナの協力がなければ誕生し得なかった。

2人は同棲、しばらくしてヴェルディの故郷のブッセートへ帰る。が村の人々は彼ら、特にジュゼッピーナに冷たく当たった。彼女が教会に礼拝に行くと、多くの人々が席を立

「ノルマ」第２幕でのタイトル・ロールを演ずるジュディッタ・パスタ

ヴィンチェンツォ・ベッリーニ

「ノルマ」よりイルミンスルの寺院。舞台設計アレッサランドロ・サンキリーコ

スカラ座の「ノルマ」再演の広告

『イタリア・オペラの黄金時代　ロッシーニからプッチーニまで』
（音楽之友社より）

って帰ってしまう。これについて教会の司祭も何も言わない。

この村は前妻マルゲリータの出身地であり、その父のアントニオ・バレッツィは、貧しかったヴェルディに資金援助して音楽を勉強させてくれた恩人でもあったのだ。

その後かなりの年月を経て、ヴェルディ46歳、ジュゼッピーナ44歳の時、サルデーニャ王国領の小村サレーヴの教会で、２人は密やかに結婚式を挙げる。これはサルデーニャ宰相カヴールのお膳立てによるものであった。

ガリバルディと並んでイタリア独立の立役者であったカヴール。彼はヴェルディが国会議員に立候補する時の保証人のような存在であったし、ヴェルディの「同棲」に対して快く思っていなかったこともある。

正式な夫婦となって、ジュゼッピーナは有能な秘書役に専念し、おかげでヴェルディは次々に名作オペラを生み出していくことができた。

やれやれ、これで順風満帆と思ったその時、運命の神がいたずら心を起こしたのか、とんでもないことが起こる。なんとヴェルディに愛人が出来てしまうのだ。相手はソプラノ歌手のテレーザ・シュトルツ（1834〜1902）、ボヘミア出身のドランマーティコ・ソプラノ。

ヴェルディとテレーザの出逢いは『ドン・カルロ』のイタリア初演（1867・ボローニャ）の頃に遡るが、急速に親密さを増すのは1869年2月『運命の力』の改訂版初演（ミラノ）の準備中。

ヴェルディがあまりにテレーザのことを褒《ほ》めそやすので、ジュゼッピーナはその頃受けた不快感を手紙にして夫に渡している（手紙が残っている）。

シュトルツには、イタリア随一のオペラ指揮者アンジェロ・マリアーニという婚約者がいたが、テレーザの心変わりに激怒して婚約破棄。以後一切ヴェルディの作品を振ることはなく、ヴァーグナーの作品の紹介者となる。

さぁヴェルディの妻ジュゼッピーナは、このピンチにどう対応したでしょうか？

さすがに頭のキレる彼女は、テレーザ・シュトルツを排除しようとせずに取り込んでしまったのである。

テレーザより約20歳も上の自分が、まともにやりあって勝てる相手ではない。2人が争いになれば、マスコミも面白おかしく採り上げることだろう。自伝作家の中には、テレーザと〝楽聖〟の間には一切そういったことはなかったと言い張る者もいるが、この件については元使用人が〝ありました〟と証言しているのでどうしようもない。

彼らの奇妙な三角関係は、３人がこの世を去るまで続くのであるが、今回の話は〝河原乞食〟についてなので、話をそっちの方に戻そう。

テレーザ・シュトルツも明らかに河原乞食のひとりである。

筆者も初めて気付いたのであるが〝河原乞食〟とは、何が何でも〝舞台にしがみつこう〟〝良い役をもらおう〟とする人種のことを言うのである。

もしテレーザが普通の人か、あるいは歌い手でも一流の人でなければ、イタリア一の指揮者の奥さんの方を選ぶだろう。

マリアーニ指揮者さんも、超一流の歌い手のテレーザさんに惚《ほ》れたばっかりに、とんでもない結末に終わってしまったのでした。

直江学美先生

日本にあっては二度と出現しないであろう〝本物のベルカント・コロラトゥーラ〟関屋敏子の謎を解くためには、どうあっても〝サルコリ先生の真実〟を知る必要がある。どんなに探しても見つからなかった〝サルコリ物語〟が、突然のように私の手元に舞い込んできた。それは――

金沢星稜大学人間科学部、直江学美先生の一連の「サルコリ研究」論文である。ただ、先生とはお逢いしたこともなく、2、3度お便りをいただいただけ。「関屋敏子についての本を書くので〝サルコリ論文〟を使わせていただいてもよろしいでしょうか」との問いには、OKとも、ダメとも、お返事は今のところ（2021年・令和3年9月）、ない。

〝はじめまして、金沢星稜大学の直江学美です。このたびはご著者『（江本弘志著）日本人歌手ここに在り！』をご恵贈賜りましてありがとうございます。私の方でもすでに買い求めて、大変参考にさせていただいておりました。（中略）紀要は抜き刷りを一部ずつお送りいたします。読んでいただけましたら嬉しく思います〟

の手紙とともに14篇のサルコリに関する紀要（論文）が送られてきたのは、2021年の初め頃のことであった。

以下はその紀要の標題である（いずれも金沢星稜大学「人間科学研究」所収）。

日本の新聞記事に見られるアドルフォ・サルコリ（二〇一〇）
日本の演奏会プログラムより見た西洋声楽受容の一考察（二〇一〇）
日本におけるベル・カントの父、アドルフォ・サルコリの生涯（二〇一一）
アドルフォ・サルコリの演奏活動について――海外を中心に（二〇一二）
フィリピンにおけるアドルフォ・サルコリの演奏活動――1910年末から1911年の新聞記事より（二〇一四）
ルーマニアにおけるアドルフォ・サルコリの演奏活動（二〇一五）
アドルフォ・サルコリの音楽活動に関する研究（1）～（8）（二〇一六～二〇二〇）

といった内容であり、直江先生は大変な時間と労力を「サルコリ研究」に注ぎ込まれていることが分かる。

従って本書のサルコリ師についての記載は、その95パーセントが直江先生の論文（紀要）によるものであり、直江先生には大感謝を捧げるものである。

出生地「シエーナ」について

「誰か故郷を想わざる」（西条八十、古賀政男、霧島昇）の歌を引用するまでもなく、すべての人にとって「ふるさと」は、母親との想い出の次に大切なものだ。

サルコリにとっては、異郷の地日本で没することが決定的となった最晩年、生まれ育った「シエーナ」への憧憬がより強くなったようだ。弟子たちは彼の想いを汲みとって「シエナ会」というグループを作り、サルコリもまたそれを容認し、この会は何度か彼の功績をたたえるコンサートを開くことになる。

我々にとっては、「シエーナ（Siena）」はあまりなじみのないところである。が、平成7（1995）年発行の雑誌『太陽』（7月号）〝トスカーナの誘惑〟には、シエーナがかなり大きく取り上げられている。

〝（ルッカ、ピサなど）中世が香る六つの小京都へ〟というタイトルのイの一番にシエーナのことが載っている。

シエーナの風景。（ウィキペディアより）

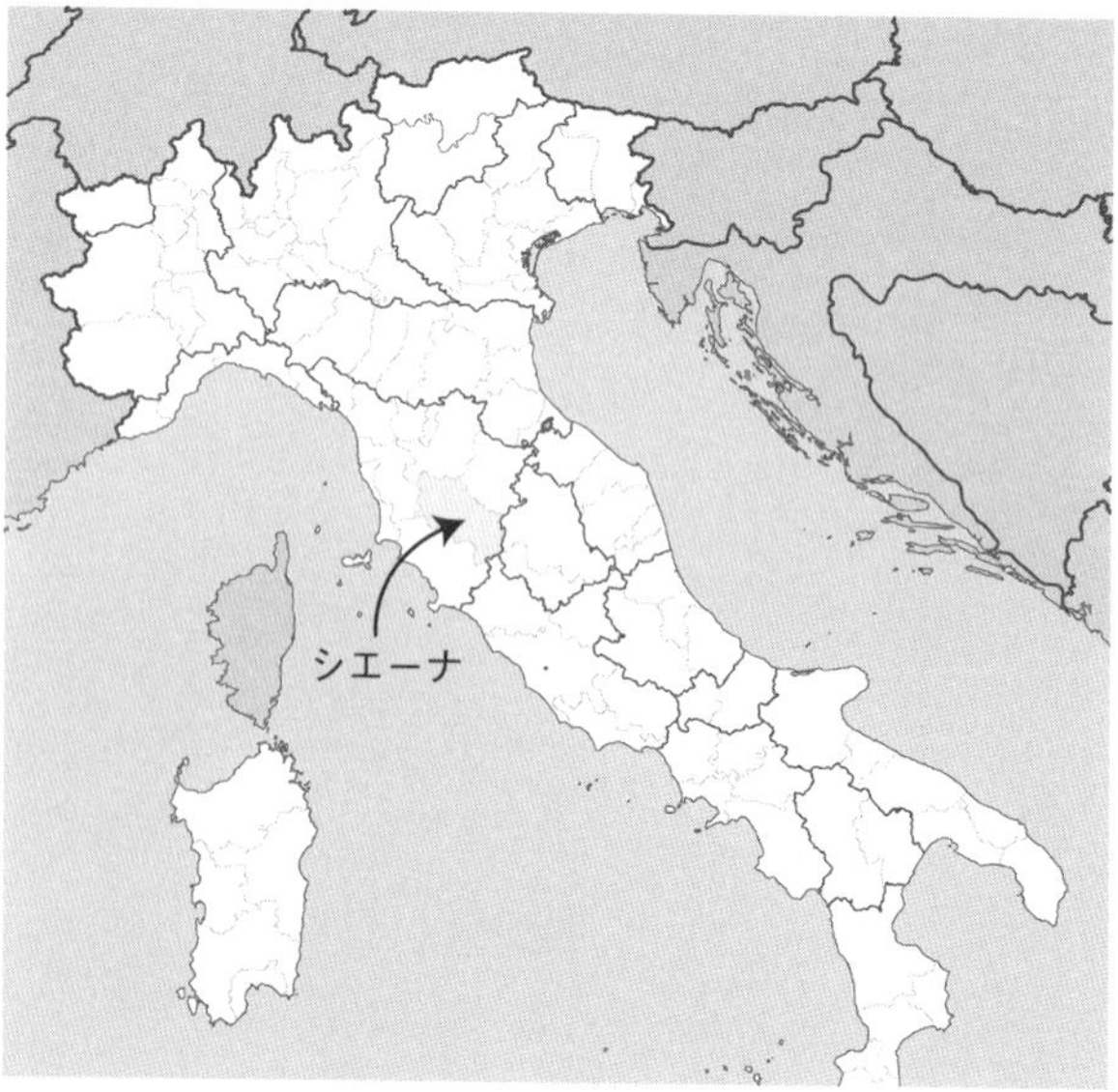

トスカーナは総じてなだからな丘陵地帯であるが、シエーナも例外ではない。どこまで行っても、ところどころに小さな低い丘がアクセントをつける程度の平地（平原）である。

街の建物はほとんどが2階建てから7、8階建てまでで、その色は黄土色から赤褐色に統一されている。唯一、真っ白な屋根で目立つのは教会であるが、その数はローマなんかに比べると、まことに数が少ない。とはいえ、この街の売りもののひとつは〝キリスト教美術〟であるらしく、『太陽』の誌面にもなかなかの力作が並べられている。

街の写真の最後に、やたら古ぼけた、暗褐色の町並みが写っているが、これは多分「ユダヤ人街」であろう。なぜそう思うかというと、直江先生が撮ってこられた写真に同じような建物があったからだ。

直江先生の文章。

「市役所で教えられたサルコリ（家）の住所は、Via《ヴィア》 del《デル》 Rialto《リアルト》 2cであった。その場所はシエーナの中心街にあり、近くにはカンポ広場や市役所がある。また市役所の方《かた》は、住所にあるリアルト通りは、ユダヤ人が多く住む場所であるので、憶測の域を出ないが、サルコリはユダヤ人ではなかったかとのことであった。

リアルト通りへ行ってみると、どことなくユダヤ人街特有の暗い感じを受けた。

また、通りの近くにはシナゴーグ（ユダヤ教の集会所）があったが、筆者（直江先生）が調査のために滞在している間、扉があくことはなかった」


〝憶測の域を出ないが、サルコリはユダヤ人ではなかったか〟ということであるが、私（江本）の推測では、彼はかなりの確率でユダヤ人であったような気がする。

そして彼はなるたけ、その事実を隠そうとしていたように思えてならない。が、そのことについてはまたおいおい出てくることになるだろう。

今、ふっと思い出したのだが、実は筆者はシエーナまで行ったことがある。

約45年前、歌を習っていたイタリア人の先生に連れられて、そのお弟子さん20人とローマに行き、そこを基点としてイタリア全土をまわった。

私は当時「プッチーニの病跡学的研究」をしていたので、単独行動で、トスカーナの「トッレ・デル・ラーゴ」を訪れた。

トッレ（Torre）は「塔」、ラーゴ（Lago）は「湖」の意味だが、その地方の名物（名所）がそのまま「トッレ・デル・ラーゴ」という村の地名になっている。

何もない寒村だが、プッチーニはこの土地をずーっと愛し、ここで数々の名作オペラを生み出した。

昼は仲間と鴨撃ちやドライヴをしたり、カードに興じ、夜、みなが寝静まってからピアノに向かった。

現在はプッチーニ記念館目当ての観光客も多く、年1回の「フェスティヴァル・プッチーニ」(湖畔の特設会場でプッチーニのオペラを上演)もあって賑やかだが、私の行った時は全く誰もいないところであった。なおプッチーニ生存中に、トッレには工場が建ち始め、作曲家はそれを嫌って西の海沿いのヴィアレッジョに越していった。

ジャコモ・プッチーニ
(ウィキペディアより)

で、このトッレ・デル・ラーゴにはサルコリも度々訪れ、プッチーニとは友達づきあいをしていたようなのである。

サルコリの生地シエーナは、このトッレに至近であり、オペラ作曲家と有望な若手テノールが親交を結んだことは大いにありうることだ。

仲間の前で妻とふざけるプッチーニ

トッレ・デル・ラーゴ（湖の塔）。塔の奥にあるのがプッチーニの家

『PUCCINI』（NELLE IMMAGINI）より

私がトッレに行くについて、ローマの宿の人に聞くと「シエーナまで列車で行って、あとはバスですねぇ」と教えてくれた。

もはや記憶にはないが、シエーナからトッレまではバスで30分といったところだったか？　いや、1時間はかかったかも。

プッチーニは1858年、やはりトスカーナの「ルッカ」の生まれ。サルコリは1867年生まれだから、プッチーニが9歳年上。地図で見るとフィレンツェから言うと、ルッカは北へ、シエーナは南へ、ちょうど同距離。ルッカの詳細も『太陽』に載っており、街のたたずまい、家々の屋根や壁の色（黄土色）、教会やキリスト教美術のありようはシエーナと全く同じ。

だから、プッチーニとサルコリは〝同郷人〟としての意識も強かったに違いない。

噂として、〝サルコリはプッチーニの『ラ・ボエーム』を初演した〟というのがある。

だが主役のロドルフォを初演したということなら、それは間違っている。なぜなら『Puccini《プッチーニ》 nelle《ネッレ》 immagini《インマージニ》』という本には、「Evan Gorga, il primo Rodolfo（エヴァン・ゴルガ、初代ロドルフォ）」と載っているからである。だが第2幕の「街の風船売り」や通

初代ミミのチェージラ・フェッラーニ

初代ロドルフォのエヴァン・ゴルガ

『PUCCINI』(NELLE IMMAGINI より)

行人のコーラスでなら出演した可能性は大いにある(なお『ラ・ボエーム』の初演は、トリーノの「王立歌劇場」で1896年2月1日に行われた)。

写真のパスポートは、サルコリの遺品の中に入っていたものである。

パスポートの右上に「Fotografie《フォトグラフィエ》」、その下にサルコリの写真。その下方3行目にサインがある。そのサインは私には「アストルフォ・サルコリ(Astolto Saroli)」と読めるし、下から3行目にも「Sarcoli Astolto」とある。

ところが日本では、彼は本名の「アストルフォ」を一切使わずに「アドルフォ」と称していた。

日本人には「アストルフォ」が発音しにくいので「アドルフォ」にしたのではないか？という説が紀要に載っている。

一方で同じ紀要シリーズ、通しページの30ページには次のような一文がある（昭和11・1936年の「音楽新聞」）。

〝当時若くして美しかったサルコリが作曲家プッチーニと公園などを歩いていると、町の娘さんなどに「アドルフォ、アドルフォ」と熱狂されたこともあった〟

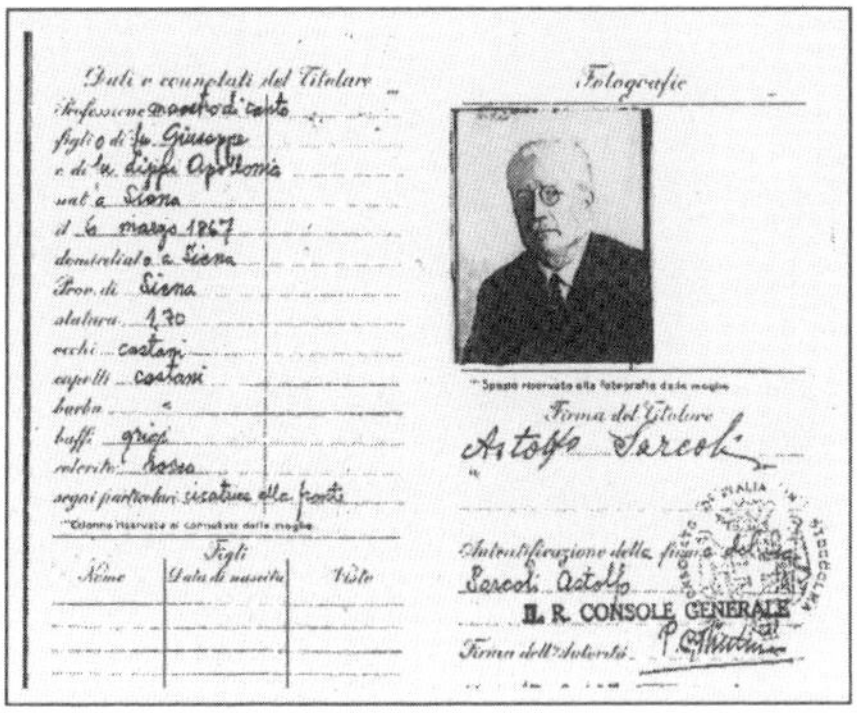

論文「日本におけるベル・カントの父、アドルフォ・サルコリの生涯」（直江学美）より

もしこの記事が事実なら、「アストルフォ」が日本人に発音しにくいから「アドルフォ」にしたのではなくて、すでに若い頃から、イタリアでも「アドルフォ」と呼ばれていたことになる。

「アストルフォ」という名前がユダヤ人特有のものかどうかは寡聞にして存じ上げない。が、音楽家や画家その他で、イタリア人の名前は多少知っているつもりだが、アストルフォという名前には記憶がない。だからといってそれがユダヤ人名と判断するわけにはいかないが、逆にどうも「アストルフォを隠したがっていたらしい」ということから、一応これをユダヤ人特有の名前ということにしたい。

ユダヤ問題は、日本に居ては全く分からないことだらけだ。

なぜユダヤはヨーロッパであんなに毛嫌いされるのか。なぜヒトラーは〝ユダヤ人根絶《ねだ》やし作戦〟まで行ったのか？（噂によるとヒトラーの母方の血にはユダヤが入っていたようなのだが、彼はそれを知らなかったらしい）

嫌われる理由のひとつに、キリスト教では貸した金に利息をつけてはならないという掟《おきて》があるが、ユダヤ教にはそれがない。

それを利用して、フランクフルトのユダヤ商人マイヤー＝アムシェルが金融業で大成功。その5人の息子たちが各地に飛んで世界を制覇。そのうちイギリスを支配したのが、ロスチャイルド家。だから言ってみれば、こっちの方は、キリスト教徒にとっての禁じ手「金利」を利用しての大成功者へのやっかみ。

もうひとつ言われているのは、ユダヤ教徒は〝ディアスポラ（流浪）〟によって世界中に散っていったが、どこへ行っても宗教上の理由で、着るものをはじめとする一切の生活習慣を変えず、現地に溶け込まなかった。

こう書いてきても、あそこまで嫌われる理由はよく分からないが、サルコリさんとしてはユダヤのアイデンティティより、イタリア人としてのそちらの方が強かったのだろう。

そして、その決定的証拠は「ファシストの党員証明書」（遺品）である。ムッソリーニ

党員証明書　論文「日本におけるベル・カントの父、アドルフォ・サルコリの音楽活動に関する研究（7）」（直江学美）より

藤原義江（左）と「トスカ」で共演した原信子。（CD「日本洋楽史　声楽・女声篇」より）

は最後は失政によって、愛人のクララ・ペタッチと共に屋外に吊るされることになるが、サㇽコリが入党した頃は〝ドゥチェ（党主・ムッソリーニ）〟はまだイタリアの希望の星であった。

ここでちょっと原信子さんの重大証言を聞いてみよう。

原信子は明治26（1893）年青森生まれ。良い声が出るようにナメクジを10匹も呑んで受験した東京音楽学校で、なんとピアノ科にまわされてしまった（以下、雑誌『明朗』等に書いた「サㇽコリ先生の追悼文」より）。

学校で〝イタリー人のテノーㇽが歌ってくれるから講堂に集まれ〟ということで行ってみますと、太った大きな髯も髪の毛も黒い人がいて、西洋人で髪の黒い人は初めて見ました（江本註　このことも彼がユダヤ人だったという証拠のひとつにならないか?・）。その方がサㇽコリという人だったのですが、美しい大きな声で、此の間シャリアピンが来た時より以上に驚いて仕舞いました。

私はひとりで、耳に残っているだけのサルコリ氏の発声法を真似て、いろいろの歌を自分で勉強してみました。知りあいの指揮者、竹内平吉さんにサルコリ先生の御住所を伺って、ある暑い日、言葉が通じるかしらと、こわごわ訪ねてみました。

サルコリ先生に半年ほど習ったあと、私は学校をやめてアメリカへ行きました。先生の発声法が正しかったおかげで、アメリカでも苦労せずに歌が歌えて、やがて『バタフライ』でニューヨーク・デビュー。そのあとヨーロッパへ渡り、ミラノ・スカラ座の専属にもなりました。

私がミラノで習ったのは、スカラ座の大立物テノールのアウレリアーノ・ペルティレを育てられたアンリオ・ババリョーニ先生でしたが、その先生はサルコリ師のことをとってもよくご存知でした。

〝サルコリ君はね、シエーナという古い、非常に芸術的な町の床屋に生まれて、声がよかったのでオペラ・シンガーになった。自然な良い声をしていて、まるでカルーソ

シャリアピン（右）と関屋敏子。（CD「日本洋楽史　声楽・女声篇」より）

アウレリアーノ・ペㇽティレ。
『PRIMO UOMO』(Große Sänger der Oper von Alex Natan より)

みたいだった〟（直江学美先生の論文〝追悼する人びと〟より）

こうして、思いがけない情報が手に入ることになった。

なんと彼、サㇽコリ氏はユダヤ人の床屋の家に生まれ、後《のち》の情報を重ねあわせると、マンドリンとギターの製造工場へ、日本流に言うと〝丁稚奉公《でっち》〟に上がったらしい（別の情報によると、歌をマスターしてからマンドリンとギターを習った、とも）。

マンドリン工場で働きながら歌をくちずさんでいると、みんなから〝良い声だねー〟とほめそやされてフィレンツェの音楽院へ。卒後、23歳で故郷のシエーナでオペラ『ラ・ジョコンダ』（ポンキエッリ作曲。有名な「時の踊り」＝ナンシー・シナトラの「レモンのキッス」が含まれている）でデビュー。

サㇽコリ23歳というと１８９０年。『ラ・ジョコンダ』の初演が１８７６年（スカラ座）

なので、サルコリがこの曲をデビューで歌ったのはオペラ初演から14年後。

当時のオペラ歌手としては当たり前のことなのだが、サルコリは日本に来てからも、プッチーニなどの現存作曲家の新しいオペラにこだわった。

なぜこういうことを書くかというと、彼がイタリア的な「ベルカント（ベルは美しい。カントは歌い方）唱法」を日本人に教えた最初にして唯一のマエストロであったのだが、同時に当時の最新音楽（オペラ）情報を発展途上国日本に導入した人であったからである。

一方の官立・東京音楽学校（上野）が教材として採り上げたそのほとんどが、シューベルトやメンデルスゾーンといった故人の〝過去の音楽〟。

アミルカーレ・ポンキエッリ。
エレウテリーオ・パリアーノ画。
『イタリア・オペラの黄金時代
ロッシーニからプッチーニまで』
（音楽之友社より）

どちらが良いということは、上野の〝立場〟もあるから敢えて言わないが、サルコリの弟子たちがヨーロッパであれだけ活躍できたのは、〝当時の最新のオペラ（『マダム・バタフライ』もそのひとつ）〟を身につけていったからである。

サルコリがデビューで歌った『ラ・ジョコンダ』は〝(美しいメロディーに溢《あふ》れた)ベルカント・オペラ最後の作品〟といわれているが、テノールのアリア「空と海」は特に有名である。

エンツォ(テノール。実はヴェネツィアを追放中のサンタフィオル公爵)は、恋人で人妻のラウラを船の上で待っている。その時ひとりで、彼女との再会のシーンを想い描きながら歌うこのアリアは、デビューのシエーナの劇場で拍手大喝采。以来サルコリのオハコとなり、日本でも何度も歌っている。

と、ここまで書いてきて、ふと気付いたことがある。

彼が本名のアストルフォでなく「アドルフォ」を名乗った件である。

アドルフォ、で何か思い出しません?

そう、アドルフ・ヒトラー(Adolf Hitler)です。

ユダヤ人の全滅を企てた人物と同じ名を名乗れば、まさか自分がユダヤ人とは思われまい、と。

ところがこれは明らかに私の〝早トチリ〟。

ヒトラーがドイツ労働党・ナチの首相になったのは1919年。サルコリ52歳の時。そしてサルコリがイタリアでアドルフォを名乗っていたのは30歳前後のこと。面白いのは『ラ・ボエーム』が初演されたのは1891年、サルコリ29歳の時。初演では主役は演じられなかったが、その後の公演では主キャストを演じたという証言もある。

そしてこの主役の名が「（詩人）ロドルフォ」。本当はロドルフォにしたかったが、それではあまりに〝ナマ〟なのでアドルフォにした……⁇

夕方、女房と散歩しながら〝サルコリがユダヤ人の床屋の息子だった〟という話になった。

カミさんは75歳。自宅で内科・心療内科を開業（モーレツに忙しい）しながら4人の子供を育てたスーパーウーマン。音楽、特に歌が好きで〝エンカ〟以外の大抵の曲を知っている。

（筆者が女房に）「ぼくが大田舎の羽ノ浦から徳島市内へ引っ越してきてすぐの頃、そう、小学1年の頃、近くの散髪屋の同級の子と友達になった。よく遊びに行ったが、店は流行《はや》っているのに、何か超貧乏の匂いがする。昭和23（1948）年頃で、敗戦後の日本人はみんな貧乏だった。

ぼくも散髪してもらって金を払ったことがあるが、子供の小遣いに比べてもエッというくらい安かった（〝オマケ〟だったかも）。

子だくさんだったみたいで、友達のお父さんはなんか行きづまってしまったのか自殺をはかった。以来、ぼくの親から行くことを禁じられたので、その後のことは分からない。あんたの田舎の散髪屋さんはどうやったの？」

（カミさん）「私の田舎の村には床屋さんがなくてね、近江今津の駅までジイちゃんに連れていってもらった。その床屋さんはきれいだし、全く貧乏の匂いはしなかったけど……。

私の患者さん、女の人、最近来てないけど、今60くらいの人。若い頃美容師になろうと思ってフランスへ行ったんだって。試験を受けて判ったんだけど、優秀な人は外科医にもなれたらしい。ほら、床屋のマークの赤は動脈、青は静脈で、外科もやってまっせえのシルシって言うじゃない」

正確に言うと、あの3色棒の看板は1540年にパリの「理髪外科医」メヤーナキールが考え出したもので、動脈、静脈、そして白は包帯を表す。

普通の外科医と理髪外科医ではもちろん大きな区別があったし、理髪師の中でもその待遇はピンからキリまでだった（王侯の床屋、従軍の理髪外科医、街のサンパツ屋等々）。

日本では、チョンマゲを西洋風の頭にするために明治4（1871）年に「断髪令」が出され、白地に赤青の看板が道行く人々を驚かせたが、ついに「理髪外科医」が日の目を見ることはなかった。

ではイタリアの床屋事情はどうだったのだろうか？　一応調べてはみたのだが、フランスやイギリスについてはわりと詳しいのに、イタリアに関しては、以下のようなたったの1行が載っているのみ。

〝1254年、手術について書いたイタリアの医師であるブルーノ・ダ・ロングブッコは、瀉血《しゃけつ》と乱切を行う床屋について心配していました〟

サルコリの実家である床屋の暮らしがどうであったかは推測する以外にないが〝超豊

か〟ということはなかったのではないか。だからフィレンツェの音楽院へやらせてもらっただけでも〝御の字〟で、今で言う博士課程などとてもとても……。

そしてこのことが日本に定住し、マエストロ・ディ・カント（声楽教師）として暮らしてゆく道々でいろいろと不利に働く。

博士号のひとつも持たないサルコリは、「（音楽）学校」からの〝お呼び〟が一切かからない。彼の声のすばらしさは来日してすぐ東京音楽学校でも披露済み。この時の声に惹《ひ》かれて、「東京音楽学校」生の原信子が彼の元を訪れたことはすでに話した。

「上野」が、もともとドイツ物中心だったから、サルコリのようなイタリアの〝超人テノール〟には拒否反応を示したのかもしれないが、数は少なかっただろうけれど、「私立」の音楽学校もないではなかったろう。

昔、日本ではヒエラルキーの頂点として、政治では「大臣」、学問では「博士」、そう〝末は博士か大臣か〟の時代であった。

私の歌の先生（イタリア人のB先生）とイタリアへ行った時、彼がヴェネツィアの船頭の前で〝ソーノ・イーオ・ドットーレ（私は博士だ）！〟と胸を張ると、船頭は〝ハハーッ〟と最敬礼したものだ（ただし、ドットーレを医学博士とカン違いした可能性は大いにあるが)。

まぁ、それだけ「博士(号)」というものはイタリアでも大きな威力を発揮していた。おそらくサルコリ先生もこのことは認識しており、ハナから自分は「学校」などからは呼(招)ばれることはないだろうと諦観していたのではないか。

サルコリの晩年、弟子たちが大々的に顕彰しようとしたが、彼はかたくなに断ったという。

そういう性格だったことはさておき、音楽学校(大学)で教えることができておれば、いま少し日本の声楽のレヴェルも上がっただろうし、現代において誰ひとり彼の名を知らない、というような結果にもならなかったであろう。

もしかしたらすべての原因は、シエーナという比較的田舎の、ユダヤ人の床屋の家に生まれた結果かもしれない。

伊庭孝(1887~1937)は、浅草オペラから本格オペラまでを主導した人物である。また、現在出まわっているクラシックの歌の本にも、彼の訳したものがたくさん載っている。オペラのアリアでは「ああ　そは彼の人か」「打て打て　おおマゼット」「恋の悩み知る君は」。オペラ以外にもフォスターの「懐かしのわがケンタッキーの家」など、多くの訳詞がある。

彼はサルコリを高く評価していたが、一方でサルコリが日本で一種不遇に終わった理由について次のように述べている。

〝サルコリはすばらしい声を出すオペラ歌手ではあったものの、イタリアで正式な音楽教育を受けていたかどうかを明確に示すことができなかった。音楽に対する素地、つまり、サルコリは〝ペダゴーグ（教育者）〟としての教養を持った人ではなかった。この点が日本で不遇をかこった原因になったのかもしれない〟

サルコリの引っ込み思案的性格は、出演した歌劇場を見ても分かる。

オペラ歌手は「教育者（ペダゴーグ）」ではないのだから、声さえ良ければ、歌さえ上手ければ、どんどん大都市の一流歌劇場へ出ればよいのだ。

彼は当時〝6大テノールのひとり（後述）〟といわれていたのだが、それにしては出演した劇場は田舎、あるいははるかなる外国のそれが多い。

一番多かったのは、イタリアの南の果てのシチーリア（当時はイタリアの大田舎）。外国ではルーマニア、フィリピン、そして中国。ただし、上海では辛亥革命の勃発で出演することができず、〝運命の日本行き〟となったわけだ。

〝世界6大テノール〟のサルコリが、わざとのように田舎や外国にばかり行った理由を、私は出生（ユダヤ人）のせいだと考える。

それが意識しての行動なのか、無意識に発したものか誰にも分かるものではないが、たとえばカルーソのように超有名人になって、出自の秘密をあばかれるのを嫌ったのではないか。これは本名をすてて〝アドルフォ〟で通したことと、意味は同じである。

〝6大〟の2人

　ところでこの〝6大テナー（のひとり）〟はどんなレパートリーを歌っていたのか。フィリピンへの引っ越し公演の様子を見てみよう。

「歌劇団」の名前は「イタリアン・オペラ・カンパニー」。公演は1910年12月11日から翌年1月25日の間に11演目。サルコリはこのうちの6演目に出演した。

　まずサルコリが聴衆を驚かせたのは、12月13日の『ルチーア』の主演エドガルドの役。翌日の「マニラ・タイムズ」紙。

〝8・30pm開幕の『ルチーア』で、サルコリは最高の歌唱を聴かせた。そのリリック・テナーは並外れた美しさで甘く、聴衆は打ちのめされたようにシーンと聴き入った〟

　この『ランメルモールのルチーア』は、ベルカント歌唱オペラの最高作曲家ドニゼッティの中でも最も難度の高いもの。2年ほど前に深夜のテレビオペラ中継で、現代ナンバーワンのベルカント・テノール、ファン・ディエーゴ・フローレスが歌っていたが、最後のア

「ランメルモールのルチーア」
(フローレスがフラフラになった、アリアの最後の部分)

リア「我が先祖の墓よ」では、息切れしてフラフラになっていた。フローレスは〝(メットの)映画版〟で何度も見たが、あんなに消耗した彼は初めてであった。

それだけ『ルチーア』は難度が高いわけだが、これをサルコリは苦もなく歌い切ったということになる。

12月18日『カヴァッレリーア・ルスティカーナ』

12月22日『ファウスト』

12月25日『トスカ』

12月29日『ラ・ファヴォリータ』

年が変わって1911年1月24日『フラ・ディアボロ』。この浅草オペラで大ヒットしたフランスのオペラ・コミック

cresc.
lar - ve d'a-mor fug - gi - te in-sie - me, lar - ve d'a -
はかなき わがゆめ—よ—き——えゆ——
cresc.
col canto
string.
p
rall.
string.
mor, fug - gi - te in-sie - me, lar - ve d'a-mor, fug - gi - te in
け わがゆめ よ き—え—ゆけ はかな
string.
rall.
string.
rall.
siem, fug - gi - te in - siem lar-ve d'a - mor!
きわがゆめ—きえゆけ
rall.
p

「ラ・ファヴォリータ」

「ファウスト」

は、90パーセントの確率でサルコリが日本に持ち込んだもの。浅草では田谷力三が演じて〝タヤ！ タヤ！ タヤ！〟と大喝采を受けたが、この田谷力三もサルコリに教えを受けたひとりである。

　なお、浅草でのヒット曲「岩にもたれた物すごい人は」は、主人公の山賊フラ・ディアボロのことを、宿屋の亭主の娘ツェルリーナが紹介仕様で歌うものである。

　マニラでサルコリが歌ったオペラから、彼の声の傾向について考えてみよう。

まず『ルチーア』は、ベルカント・オペラの中でも（12月29日に歌った『ラ・ファヴォリータ』と並んで）最も〝楷書〟傾向の強い楽曲である。ドニゼッティのこの両オペラは、初めから終わりまでキチンと歌われなくてはならない。

ロッシーニの時代に「オペラ・ブッファ（喜劇）」に対する「オペラ・セリア（正歌劇）」と呼ばれていたものが、「まじめ（セリア）」を踏襲して「悲劇」となったのがドニゼッティの時代。

数ある「悲劇」の中の最高傑作が『ルチーア』。ルチーアと恋仲のエドガルドだが、彼とルチーアの家は代々の仇敵《きゅうてき》の間柄。

オペラ『ルチーア』の詳細については後に述べることにするが、ルチーアは発狂して死に、エドガルドは自ら、彼女の後を追って天国へ。

このオペラは〝プリマ・ドンナ・オペラ〟と呼ばれて、コロラトゥーラ・ソプラノ（ルチーア）が中心のように言われているが、テノールも重要性において全くの対等であり〝プリモ・ウォー・オペラ（テノール・オペラ）〟と言っても的はずれではない。

現代第一のテノール、フローレスが前述のようにフラフラになってしまった難曲を、サルコリは涼しい顔をして歌ったことがマニラ・タイムズによって伝えられている。また『ラ・ファヴォリータ』も歌っているが、楽譜にあるように高音の「2点ド」を楽々と出せる人でないと、このオペラを歌う資格はない。

2点ドといえば、『ファウスト』の譜面をご覧になっていただきたい。ただし、これはフランスのオペラなので、超高音は、テノールはファルセット（裏声）で歌う習慣になっている。

が、イタリア人テノールが歌う場合はファルセットは許されず、ヴェラ・ヴォーチ（本当の声・実声）で歌うのが当たり前。だから『ラ・ファヴォリータ』も『ファウスト』も歌ったサルコリは、2点ドを楽々と出せたということになる（たしかフェルッチョ・タリアヴィーニだったと思うが、『ラ・ボエーム』に出た時、「冷たい手」の2点ドを出せずに半音下げて歌ったと聞いたことがある）。

既述の「マニラ・タイムズ」によると――

サルコリの声は、①リリック・テナー（テノール・リリコ）で、並はずれて美しく、②甘い声、であると報じられている。③そして超高音の「2点ド」が楽々と出せないと歌えないレパートリーを2つも演じている。その一方で〝テノール殺し〟といわれている『カヴァッレリーア・ルスティカーナ（田舎騎士道）』も歌っているのだ。

「カヴァッレリーア・ルスティカーナ」。
『イタリア・オペラ』（上）（音楽之友社より）

マスカンニ作曲の『カヴァッレリーア』は、レオンカヴァッロの『道化師』と並ぶ「ヴェリズモ・オペラ」の代表作である。

〝ヴェリズモ〟とは〝真実（主義）〟という意味で、ロマンティックな王子さまとお姫さまの物語はやめて、たとえ汚くても荒っぽくても、〝本当のこと〟を芸術にしようという運動。

だから怒鳴り合ったり、殺人のシーンもあったりして、昔のような〝ベルカント歌唱〟の必要性はグッと低下する。とはいえ、あくまでも〝イタリア・オペラ〟なのであるから、伝統の〝明るくて張りのある声〟が基本であることは言うまでもない。

たとえば幕が上がる前にトゥリッドゥ（テノール）によって歌われる甘い恋歌「シチリアーナ（ああ色白のいとしのローラ）」は、単純な民謡風のカンツォーネであるが、曲の後半、高い声が連続して必要とされ、早くも〝テノール殺し〟の一端が垣間見られる。

　それに何よりもこの歌は、遠くから聞こえてくるような感じを出すために舞台の裏手で歌われる。だからよほど遠くまで良く響く発声法が必要で、言っては悪いが日本人オペラ歌手のように腹圧をかけた吐気唱法では、多分全く聞こえないであろう（オナカとノドに力を入れる吐気唱法によって出された声は〝そば鳴り声〟といって、自分の周囲10メートルには聞こえるが、ホールの最後尾までは届かない）。

指揮をするピトロ・マスカンニ。『イタリア・オペラの黄金時代　ロッシーニからプッチーニまで』（音楽之友社より）

　このオペラで一番有名なのは「間奏曲」で、数々の映画にも使われた（『レイジング・ブル』もそのひとつだったように記憶する）。

　その間奏曲の直前に、トゥリッドゥとサントッツァ（トリッドゥを慕う村の娘）

が教会の前で演じる〝(ローラをめぐっての)痴話喧嘩〟のシーン。これでテノールの声はほとんど殺《や》られてしまう。

この場面の音楽は、明治45(1912)年にサルコリと三浦環の2重唱(ピアノ伴奏)によって「日本蓄音器協会」が録音し、大正2(1913)年2月2日に発売されている。このレコードが我が国洋楽レコードの第1号である。

いまはサルコリの話をしているので、この録音時(サルコリ45歳)、彼の声(歌唱)がどうだったかを述べてみよう(田辺久之著『考証　三浦環』より)。

レコードではサルコリと環との2重唱はバランスよく吹き込まれているため、声量の比較はできにくいが〝当初の会場(レコーディングの何日か前、2人はこのオペラを帝劇で、イタリア語で抄演した)〟での感想を文献で尋ねてみよう。

佐藤紅緑(1874~1949)は〝(環は)サルコリの相手としてあまりに懸隔が甚だしかった〟と言い、有島生馬(1882~1974)は〝脇で見てさえ息苦しいほど夫人は悶《もが》き努力して雷鳴のようなテノールに敗《ま》けまい敗けまいとした苦心が、一符一律をして緊張した芸術たらしめた〟と語っている。

マニラの『ルチーア』（12月13日）では〝並はずれた美しさで甘かった声〟が、5日後の『カヴァッレリーア』（12月18日）では〝雷鳴のような声〟に突然変異したのである。これはどういうことかというと、サルコリは時代時代のオペラに合わせて、どんな声でも出せたし、どのような歌い方もできたということである。

ベニャミーノ・ジッリ（1890〜1957）もあらゆる声を出せた。カンツォーネの「忘れな草（エルネスト・デ・クルティス）」では細ーく甘ーい声を出したかと思うと、『リゴレット』ではエッと思うような野太い声で演じていた（好事家の持っていたヴィデオ）。

ジッリはサルコリより23歳年が下であるから〝サルコリはジッリのようだった〟という表現はおかしいだろう。ジッリがサルコリのようだったのである。

2人はレパートリーもよく似ているし、甘ーい声から雷鳴声まで出せるところはそっくりである。ジッリはヨーロッパでは絶大な人気を誇り、イタリア人をあまり好きでないドイツの人々もジッリだけは熱烈歓迎。彼がイタリアへ帰る日はホームで、乗った列車をとり囲み、ジッリ（Gigli）をドイツ的に発音して〝ジグリ！　ジグリ!!〟と大騒ぎしたという。

ベニャミーノ・ジッリ。『PRIMO UOMO』（Groβe Sänger der Oper von Alex Natan）より

ただし、ジッリは目立ちたがり屋の〝ヒステリー性格〟で、音楽仲間からは〝プリマ・ドンナ〟と呼ばれていた。カーテンコールではいつも最初に出て、最後まで居残る。自分より上手い共演者には大変なイケズをするので、みんなから嫌われた。

ある時『アンドレア・シェニエ』の2重唱で、相手のソプラノが自分より長く声を伸ばしたという理由で腕を思いきり引っぱって、彼女の腕を骨折させてしまった。

だが一般の聴衆はそんなことは知らないから、ジッリは常に唯我独尊、ナンバーワンであり続けた。

一方のサルコリは、歌唱力においてはジッリにも匹敵するものを持っていたが、ジッリの目立ちたがりとは真逆の大の引っ込み思案（これについてはすでに述べた）。

当時サルコリは〝世界6大テナー〟のひとりと言われていた。そして彼の弟子の関屋敏子も〝6大ソプラノ〟と称されていた。

先生も弟子も、どちらも〝6大のひとり〟と呼ばれるのは、単なる偶然ではないだろう。どの本にも文字通り〝6大のうちのひとり〟、あるいは〝6番目の実力者〟の意味にとっているが、私の解釈は少々違う。

関西の吉本興業所属の漫才コンビ「ちゃらんぽらん」(2008年解散)。

ヒゲで画家志望の大西浩仁《こうじん》と、人生のすべてに〝中途半端〟な冨好真《とみよしまこと》。

ある時、楽屋で冨好が〝ぼくはほんま中途半端ですわ。乗ってる車はカリーナやし、家は23坪、芸能人としては華ないし……〟とぼやいていた。横でそれを聞いていた漫才作家の木村佳史が〝それ、いただき〟と、コンビ唯一のギャグ〝チュートハンパヤナアー〟が誕生した。

尼崎の高校の同級生のほとんどシロウトだった彼らが、ある偶然から(吉本の)林正之助会長に認められてプロの道へ入る。

そこそこ売れるのだけれど、売り上げのベストテンには入れない。だから〝吉本まつり〟みたいなイヴェントには呼んでもらえない。この事実を、彼らちゃらんぽらんは自虐ネタとしてしばしば舞台で公開し、〝吉本の11番目とはボクらのことですねン〟。

これを見て、私は〝6大——〟の意味がよく分かるようになった。

ちゃらんぽらんは、その時その時で〝吉本の11番目にもなるし、20番目にもなる。要はベストテンには入れない存在なのだ。

だから、〝6大テナー〟とは6番目の人気と実力を持つテノールという意味ではなく、5本の指には入れない状態を表したものということになる。


サルコリの場合は、やはり〝ユダヤ人として〟あまり有名になりたくないという、潜在的なマイナス思考。

また実際に〝世界的に言って、サルコリが6大テナーのひとり〟といわれていたかについては、直江先生の論文に以下のようにある。

〝どうもこの「6大テナー」の出拠《でどころ》は、サルコリ晩年の「謝恩大演奏会」のパンフレットにあるらしい。サルコリは38歳にしてすでにカルーソ等々に次ぎ世界男性六人高音歌手としての栄誉を獲得〟——これが書かれたのは1933年、サルコリ66歳（亡くなるのは69

歳)。弟子たちが集まって「大演奏会」を開き、このパンフレットで初めてサルコリの詳しい経歴等が書かれたもようで、「6大テナー」の表現も、どうやらこの時が初めてのようなのである。

そのずっと後の1952年の「レコード芸術」に、弟子の船越玲子が「世界の6大テナーと讃へられ」と書いている。

また同1952年「サルコリ先生追悼音楽会」(日比谷公会堂)のプログラムで、帝国劇場の専務、山本久三郎も「6大テナー」と表現している。

しかし、日本のこれらの記事以外にサルコリが6大テナーであったことを裏付ける資料は見つかっていない(直江先生)。

筆者としては、「6大」ということは「5本の指に入らない」という意味ではないかと考えるが、このように表現しても、サルコリさんを貶《おとし》めることには絶対にならないと思う。

一方の関屋敏子は「世界の5大ソプラノ」に入るためには、あまりにヨーロッパでの活躍期間が短かった。

1928(昭和3)年6月、24歳でスカラ座のプリマドンナとしてスペインへ巡業。翌

1929年には早くも帰朝し、藤原義江と日本初の本格オペラ『椿姫』を演じた。

1931（昭和6）年3月、27歳でアメリカに渡り、サンフランシスコ、ロサンゼルス、ニューヨークで歌い、翌年28歳の時、渡欧。ボローニャ、ミラノ、ベルリン、パリ等でオペラに客演。1934（昭和9）年、30歳で完全帰国。ということはヨーロッパやアメリカでの活躍は、実質1928年～1929年、1931年～1933年の計3年間。これではいくら歌が抜群でも「5大ソプラノ」に数えられるのはむずかしかろう。

それに彼女はミラノのスカラ座の本舞台では歌っていない。理由は分からないが、東洋の女にプリマを取られてなるかというプライドの問題？　と同時に、訳の分からん女に職場を奪われては、実際問題生活に支障を来すかもしれない。それと、当時は世界的な常識であった「人種差別問題」。

最も明確な形で現れた人種差別問題は、関屋敏子がヨーロッパへ渡った1928年から数えて19年後に起こった。

幼少時からスポーツ万能であったジャッキー・ロビンソンであったが、陸軍では黒人であるがゆえに「すべてのスポーツの試合」には出られなかった。除隊し野球のニグロリーグに入るが、ホテルが黒人客を受け入れないため、バスの中が食堂であり、寝室であった。ブルックリン・ドジャースの会長ブランチ・リッキーがジャッキー・ロビンソンに目をつけ、傘下のモントリオール・ロイヤルズの一員となした。

この時リッキー会長が出した絶対命令は「仕返しをしない勇気を持つこと」。そう言って、会長はジャッキーの右頬をぶん殴った。この時ジャッキー・ロビンソンはニヤリとして「頬はもうひとつあります、ご存じですか」と言った。

3Aロイヤルズでめざましい活躍をしたジャッキーを、会長は〝ジャック・ルーズヴェルト・ロビンソンをメジャーに昇格させる〟と発表した。

MLBのオーナー会議では、ドジャースを除く全15球団がロビンソンがメジャーでプレイすることに反対。フィラデルフィア・フィリーズは対戦拒否を通告。セントルイス・カーディナルスはスター選手のイーノス・スローターが中心となってストライキを扇動。

だがハッピー・チャンドラー・コミッショナーはドジャースを支持。ドジャース監督のレオ・ドローチャーは、

「選手の肌が黄色であろうと黒であろうとかまわない。私はこのティームをあずかる者だから、選手が優秀であれば使う。もし自分に反対する者がいたら、ティームから出ていっ

てほしい」と宣言した。

それと、関屋が〝5大〟に入れなかった原因と思われることのひとつに、もうひとつの〝人種の違い〟ということがある。ここに言う人種は、〝人種差別〟の人種とは全く関係のない遺伝的な、あるいは環境的な問題である。分かりやすくいえば、肉食人種と米《べい》食人種の違いである。

この本は多くの音楽ファンが読まれていると思うので、敢えて詳しく書く。

１９４７（昭和22）年のアメリカ映画に『カーネギーホール』というのがある。ホールの下働きの女性は、息子をクラシックのピアニストにしようと苦労しながらがんばっている。ところがジャズに惹かれた息子は母の元を去っていく。

何年か経ってのある日、彼が突然ホールの舞台に現れてシンフォニック・ジャズの指揮をして母を驚かせる。この時の曲がガーシュインの「ラプソディー・イン・ブルー」だったのか似たような曲だったのか、何しろ筆者が7歳頃のハナシなのでよく憶えていない。

なお、この映画のストーリーの最後の部分は、石原裕次郎の『嵐を呼ぶ男』にそっくりそのまま盗用されている（弟役の青山恭二がシンフォニック・ジャズの作曲兼指揮者として、苦労の末デビューする）。現在《いま》はインターネットで、著作権の切れた大抵の映画や古いコンサートを観ることができるので、『カーネギーホール』もどうぞ。ピアノのルビンシュタインや指揮者のストコフスキーも出演しているよ。

さて言いたいことは、この映画に出ていたコロラトゥーラのオペラ歌手リリー・ポンスのこと。

1904年（カンヌ）の生まれというから、明治37（1904）年生まれの関屋敏子と、全く同い歳。リリーは、アリア「鐘の歌」で知られるオペラ『ラクメ』を得意としたが、作曲者（ドリーブ）の指定した超高音（Fa）を原曲通りに歌えた最初の人。

筆者は彼女が主演した『ルチーア』の全曲CD（テノールは米人リチャード・タッカー）を持っているが、そのコロラトゥーラの細かいテクニックは関屋敏子の方が上である。ところが〝迫力〟ということになると、これはもう絶対にリリー・ポンスの方に軍配が上がる。細部のテクニックなんか気にしないで、とにかく強い声でぐんぐんと押してくる。そして実唱約2時間の長丁場を、強烈な声のままで押し通してしまう。

ライヴCD「ランメルモールのルチーア」のジャケット

このリリーのCDと関屋のそれを聴きくらべていると、自然と、前者が肉食人種で後者が米食人種ということを思い悟らされてしまう。

この辺りも肉食系の多い西欧において、関屋が〝5大〟のうちに入らなかった原因のひとつかなぁ、と思った次第である。

〝人種の違い〟から世相を見る

前述の帝劇における『カヴァッレリーア・ルスティカーナ』の原語抄演。

これは日本において初めて〝肉食人種テノール〟のサルコリが、その強烈な迫力を見せつけた記念碑的コンサートであった。

当時の女性歌手第一人者の三浦環が、〝サルコリの相手としてあまりに懸隔が甚しく〝脇で見てさえ息苦しいほど夫人は悶《もが》き努力していた〟。

これだけイタリア（肉食人種）と日本（米食人種）の歌い手の間には大きな溝があったわけであるが、ではサルコリの出演料はいくらだったろうか？

ズバリ、一晩千円であった。

直江先生がお調べになった「値段史年表」（1988年）によると、明治44～45年頃は、慶應大学の1年間授業料48円、早稲田50円。高等文官試験に合格した公務員の初任給（基本給）は55円。

〝これらを鑑みると、一夜千円という数字は非現実的な感じも受ける〟（直江先生）。

（高等）公務員が2年（足らず）で稼ぐ金額を一晩で得るのだから、たしかにそういった面はある。

だが考えてみれば、1000人のお客が「1円」の入場料で入れば千円だから、とりあえずサルコリへのギャラは確保できる。

では当時の演奏会の値段は？　昭和10（1935）年の「シエナ会演奏会」の入場料金が弐（2）円とある（サルコリの死の1年前のコンサートである）。

では音楽以外の入場料金と入場者数は？「シエナ会」より17年前の大正7（1918）年の「文展特別日」。入場料は50銭、午前中だけの入場者数が1450名。その中にはイタリア大使夫妻と共に熱心に見廻るサルコリや、新渡戸稲造博士の姿もあった（「東京朝日新聞」）。

だから日本人のコンサートや美術への関心も高まってきており、サルコリに千円のギャラを払っても充分に利益は出ていたと思われる。

たとえば三浦環は度々独唱会を開いたが、サルコリの賛助出演があるとその夜はいつにも増して超満員で、入れなかった多数のお客は、スゴスゴと引き揚げていった（1922年　雑誌『音楽界』）。

それでも千円の出演料に二の足を踏むプロデューサーも多く、サルコリは積極的に地方に出ていって、歌った。

〝サルコリ氏は6日仙台市に催される演奏会を皮切りに東北、北海道方面に演奏旅行をする〟(1922・11・2「東京朝日新聞」)

「函館毎日新聞」(1922・11・11)〝「愛嬌者のサルコリ氏」。イタリアの花形サルコリ氏は太った身体に無邪気な眼を輝かし南欧の人らしい情熱家で、どこから出るかと思われる甘い声で聴衆をチャームした。アンコールの『トスカ』『リゴレット』等、当夜の人気を1人で背負ったような大喝采であった〟

昔よく「一晩100万ドルの名歌手」という言葉を聞いた。

明治4(1871)年に政府は新貨条例を発布し、純金23・15グレーン(＝1・5グラム)をもって1円と決めた。が金不足で銀本位にしたとたん銀が暴落したりで、紆余《うよ》曲折はあったが、これは他国も同じ。1ドル360円になったのは敗戦のせいで、何かでチラッと見たのだが大正年間のある時期には、1円はほぼ1ドルに近かったと思う。明治末年に近い明治37〜38年の日露戦争の勝利によって、円の価値はグーンと上がったのだろう。

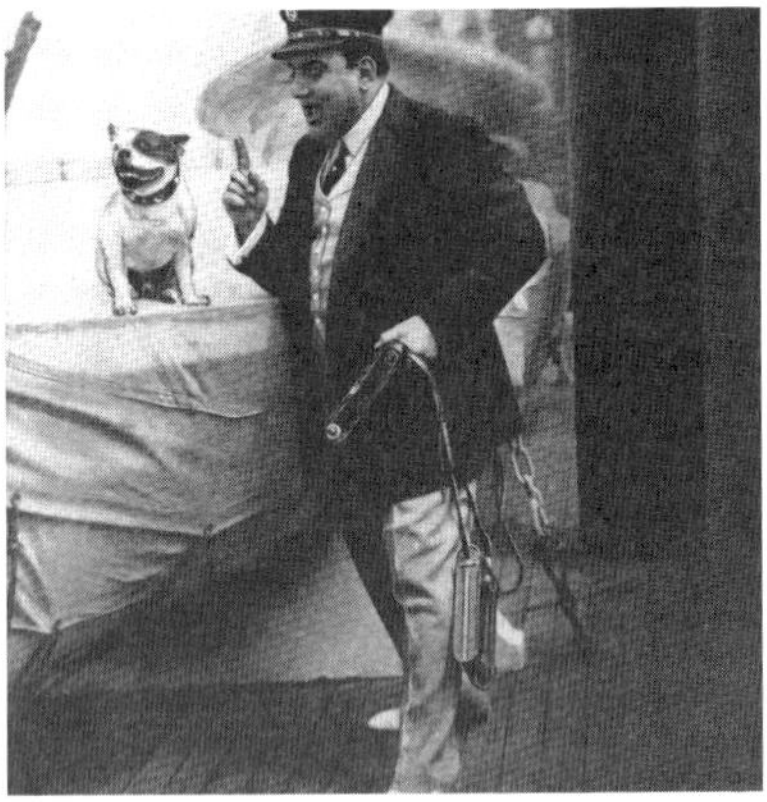

エンリコ・カルーソ。『PRIMO UOMO』（Groβe Sänger der Oper von Alex Natan より）

だから〃一晩100万ドル〃の代表カルーソが活躍した大正元年前後は、100万ドルは100万円であり、サルコリさんの〃一晩千円〃は驚いて腰を抜かすほどの高額とはいえないだろう。

（ちなみに日銀の資本金は百円なんだそうで、昭和のある時期、日銀株をめぐる妙な噂が広まったことがある）

関屋敏子は、人種差別のせい（?）でスカラ座の舞台に立つことは叶《かな》わなかったが、差別のない学問（歌唱技術）の世界では、彼女はとんでもない栄誉に恵まれることになった。

イタリアへ着いて間もない1928（昭和3）年5月、敏子はボローニャの大学（アッカデーミア・フィラルモーニカ・デ・ボローニャ）からディプロマを授与されたのである。

diploma は伊辞書には「（学位）免状」と載っているが、昔は「免許皆伝」を意味した。

今日ではディプロマの価値は、以下に記すようにグーンと下がっているが、以前は大変なものであった。

まずは今日《こんにち》、といっても50年前の話になるのだが。

私の歌の先生にN先生という方がいた。

お父さんは京都葛野《かどの》郡（中京区など広域）の群議会長。家の近くの近衛家とN家は親しくしており、その近衛家の秀麿（兄は後の首相文麿）に連れられてドイツへ音楽修業。

ドイツで聴いた、イタリアのテノールの声に惚れ込んだN先生は秀麿と2人でミラノへ。

スカラ座で見た『リゴレット』にショックを受けた2人は、このオペラを日本に持って帰ろうと約束する。

イタリアの国立音楽院に通いながら、アルフレード・チェッキというマエストロ・ディ・カントに声楽の個人レッスンを受けた。

イタリアでは、声楽教師は（騒音対策で？）だいたい建物の最上階に住んでおり、N先生は毎日階段を上って

レコーディング中のエンリコ・カルーソ。『イタリア・オペラの黄金時代　ロッシーニからプッチーニまで』（音楽之友社より）

マリオ・デル・モナコ『PRIMO UOMO』(Groβe Sänger der Oper von Alex Natan より)

いった。そして階段でよく出逢ったイタリア人の青年と会釈を交わすようになる。

それから30年後、2人は某所で出逢い、たまたまチェッキ先生の名前が出、

「おう、お前があの時階段を上っていった青年か！」

イタリア人の名前は、マリオ・デル・モナコ（オペラ歌手）。

2人は親友となり、N先生は毎年のように日本の声楽家を連れて「マリオ・デル・モナコ声楽教室」のようなところに連れていく。

筆者のカンツォーネ仲間の某女性が、

「私、デル・モナコ先生の教室へ行って、ディプロマをもらってきちゃった」と。

彼女には悪いが、このことでディプロマの価値の暴落を知ったのであるが、ディプロマとは本当は以下のように値打ちのあるものなのだ。

属啓成著『モーツァルト』より――

モーツァルトが1770年10月9日、ボローニャの「アッカデーミア・フィラルモーニカ」のホールに行くと、そこにはアッカデーミアの総裁と2人の試験官がいた。彼らから「交唱聖歌のアンティフォーナ」を与えられ、モーツァルトが隣の部屋に入ると鍵がかけられた。

この試験を受けるには20歳以上の人で、このアッカデーミアで1年以上勉強した人に限られているのであるが、14歳のモーツァルトは特例であった。しかも普通3時間はかかるこの問題を彼はたったの30分で解いたので、みんな大層驚いたという。

この時の責任教授に当たった人は「パードレ・マルティーニ（1706～1784）」で、この学校の関係物にはすべて〝マルティーニ〟の名が冠せられている。なお、有名な歌曲「愛の喜び（は、つかのま）」を作者したマルティーニ（1741～1816）は別の人である。

関屋敏子はこのボローニャの大学で、発声法、歌唱法、音楽理論を学び、その結果のテストは優秀なものであった（彼女は日本で作曲を学んでいたのでそれが生きた）。

また同市にある「リチェーオ・ムジカーレ」という音楽院で独唱したところ、それを聴いたボローニャ大学の学長が非常な感銘を受けた。彼は秘書を連れて敏子たちの泊まっているホテルまでわざわざ出向き、「特別卒業記章・ディプロマ」を授与する、と。

1928（昭和3）年5月3日、「ディプロマ栄誉記念独唱会」がボローニャ大学の、その名も「モーツァルト・ホール」で行われ、その2カ月後の7月にディプロマは届けられた。

それは印刷されたものではなく、きれいな文字で、

〝祐之介の娘関屋敏子は、ソプラノの歌手中、特別に技術優秀〟と書かれていた。モーツァルトもベートーヴェンもこのディプロマを授与されているが、日本人では、もちろん関屋が初の受賞であった。

学問の話が出たのでもう一つ、関屋敏子の頭の良さを証明する事実を記す。

彼女が17歳の時、東京音楽学校（現藝大。以下「上野」）に現役でパス。この試験内容がなかなかむずかしく、ただの歌バカでは通れない。

敏子の時の試験内容は分からないが、それより27年前、瀧廉太郎が受けた内容ははっき

りとしている。瀧は上野が最も誇りとする人物であるので、何らかの形で残しておいたものであろう。

試験科目は読書（国語・漢文・講読）作文、算術（四則・分数・小数・比例・開平・開立）、英語訳読（ナショナル第四読本程度）及び唱歌（文部省小学唱歌集）の五科。試験内容は、唱歌は小学唱歌「つばめ」を歌い、オルガンによる聴音練習が課せられ、英語はナショナル第四読本の「象」の一節、国語は「音楽を聴いての感想」と題する作文であった。

当時の予科入学志願者は毎年約20名で、合格者はその半分くらいの、狭き門であった。

狭き門をくぐり抜けた敏子だったが、上野において衝撃の事件に見舞われる。大正11（1922）年12月6日、本科1年生の敏子が校内の「土曜演奏会」に大抜擢《ばってき》される。かつて1年生でこの演奏会に出演した人はいなかった。錚々《そうそう》たる先輩をさしおいての出場は、敏子を喜びよりも訝《いぶか》しさと不安に駆りたてた。そして不幸にもその不安は的中してしまう。

歌った曲は、異国趣味を得意とするフランスの作曲家フェリシアン・セザール・ダヴィッドのオペラ・コミック『ブラジルの真珠』から「可愛い小鳥」。

朝からのじめじめした雨は彼女の不安を倍増させたが、いざステージに立つと〝よし歌うのだ〟と強く決断する。そしてペッツォールト先生のピアノが鳴り始めた。

Petzoldというのは、ドイツの仏教研究家ブルーノ・ペッツォールトの姓で、その妻であるペッツォールト先生の出生名はハンカ・シェルデルプ、ノルウェー人である（夫婦ともに今は比叡山に眠っている）。

ハンカはまずパリで勉強し、ヴァイマールでフランツ・リストにピアノを、ドレスデンでは声楽をアグラヤ・オルゲニに、バイロイトでコジマ・ヴァーグナーにヴァーグナーのオペラについて学んだ。まさに上野好みのドイツ音楽の専門家としての経歴であり、伊庭孝の言う「ペタゴーグ（教育者）」にぴったりの履歴である。

１９０９年に来日して、東京音楽学校のピアノと声楽の教師となり、１９２４年に辞めるまでの15年間、彼女は上野の女王として君臨する。

上野での弟子には三浦環、柳兼子、関鑑子《あきこ》等々多数の日本を代表する声楽家がおり、ハンカを恩人と称える人も多い。

その上野にとっては聖人のようなハンカが、日本の音楽史に今も残る、信じられない残虐行為に及ぶ。

「可愛い小鳥」の前奏が始まったとたん、敏子はそのピアノの音に何か不穏な、一種の悪意のようなものを感じとった。

内心〝……え⁉〟と。

そして歌の部分になった瞬間、ペッツォールト先生はいつもの練習とは全く異った、リズムとテンポで弾き始めた。

動揺いちじるしい中でも、しかし敏子はなんとかおしまいまで歌い切った。

「トシコ、よかったよ」

「ベビーちゃん、立派だったわ」

級友たちは誉めてくれたが、敏子の顔に笑顔はなかった。

入学以来、うすうす感じとっていた、自分が疎外の対象になっている印象、上級生や教師たちから白い眼で見られている実感。いよいよそれが、具体化して一気に自分に襲いかかってきたのだ。

怒りと悲しみと屈辱で滂沱《ぼうだ》の涙を流しながら、彼女は脇目もふらずに家まで走った。傘をさすのも忘れ、全身びしょ濡れになっていることにも気付かずに。

家に帰り着いてからも、二度とあの〝ベビーちゃん〟と呼ばれた、あどけない笑顔は戻らなかった。

父母には分かっていたのだ。いつか自分の子供である敏子が、その日本人離れした歌の才能ゆえに上野でいじめに遭うことを。

上野では歌もピアノもその他も、ドイツ系にあらずんば人にあらず。この噂はとっくの昔に、父や母の耳にも届いていた。

「上野」は現在「東京藝大」と呼ばれている。そしてその教育がドイツ偏重であることは、昔と全く変わりはない。

〝冷や飯〟の正体

藝大出のテノールで、山路芳久という人が居たのをご記憶の方はおられるだろうか。昭和25（1950）年、津市に生まれ、昭和63（1988）年にわずか38歳で没された方。スカラ座の舞台にも立ったが、結婚し、経済的理由で全盛期のほとんどをウィーンで過ごされた。だから、声楽のファンでも日本人で彼のことを知る人は少ないと思う。

昭和56（1981）年1月3日のNHK「ニューイヤー・オペラコンサート」。〝では今年のトップバッターはウィーン国立歌劇場で活躍しておられる山路芳久さん〟

山路芳久。『歌が上手くなるスーパー発声法』（音楽之友社より）

以下はその当時書いた拙著『歌が上手くなるスーパー発声法』（音楽之友社）からの抜粋である。

（山路さんの声を聴いて）私は驚愕してしまった。彼は、かつて日本人には絶対にいなかった、そして外国人にも滅多にいない「声」の持ち主だったのである。まろやか

ドイツ派のH・ペツォールト（左）と、イタリア派のA.サルコリ。CD「日本洋楽史　声楽・女声篇」より

に、純粋で、香り高く、気品があり、情感がこもっており、しかも理性を失わず、はりつめていながら、たゆたっている。彼が歌ったのは、チレーアのオペラ『アルルの女』の中の、通称「フェデリーコの嘆き」であった。おそらくは、この佳作が誕生して以来、古今東西、その日の山路芳久の歌が最高傑作だったのではないだろうか。

この文章を読まれた東京藝大関係の2、3の方から、〝よくぞ書いてくれました。山路さんはその実力を無視されて、藝大では全く冷遇されきっています〟。

「イタリア声」は、すばらしければすばらしいほど、藝大では冷や飯組にまわされるのだ。

上野1年生の関屋敏子が、ペツォールト先生の信じられないようないじめに遭って、学校を追い出されたことは、日本中に衝撃を与えたとみえて、一般紙も大きく採り上げた。

以下直江先生の論文より——

大正14（1925）年5月25日「読売新聞」。

〝サルコリ氏の高弟ですぐれたソプラノ歌手関屋敏子さんがいよいよデビューすることになった。彼女は上野の音楽学校へ入学し、一方サルコリ氏について勉強していたが、それが某外人教授の気に入らず、その外人教授が故意に曲を弾き違えたので憔悴して退校し爾来サルコリ氏の下に専心勉強してきたのであった〟

同年10月5日「報知新聞」の3面。

〝「関屋敏子嬢の独唱会」には、先生のサルコリ氏は誇らしげに『うまいでしょう。外にありません。1番です。外国同じことです』と片言の日本語でしきりと推奨していました〟

大正15（1926）年8月18日「国民新聞」。

〝上野の森を1年で振りすてイタリアの芸術境にあこがれ、サルコリ氏の薫陶にそのソプラノ歌手としての天才を遺憾なく発揮。ドイツ全盛のわが楽界から異端者視されていながらも、その真価は確実に認められて、天才声楽家の名を許されている〟

音楽関係の書物ではなく、一般紙にこのように取り上げられたということは、〝某外人教授〟がペツォールトであることを大抵の人が知っていたと推測される。

全国の人に知られるような大事件になるとは、ペツォールトさんも上野も予想していなかったであろうが、少なくとも音楽の仲間内では、何らかの話題にはなるだろうと思っていたようだ。

そんな事件の張本人になることを分かっていた上野の女王ペツォールトが、単独で〝敏子いじめ〟を計画したとは考えづらい。おそらくは上野の（声楽科を中心とした）教授会の全会一致の陰謀であったろう。

上野に入った段階で敏子の〝声楽力〟は世界の一流レヴェルにあり、くらべて自校の歌唱力の低さにあせった〝ドイツ派〟の教授たち。このままでは自分たちの〝レゾン・デトル（存在理由）〟がなくなってしまう、とりあえず敏子を追い出せ、ということになった。

この1922年という年は、サルコリが日本に来た1911（明治44）年から数えて11

年目。この頃は彼はまだ歌ってはいたが、軸足はそろそろと〝弟子育成〟の方に移ってきていた。

一流の演奏家は、生まれついて弾ける、あるいは歌える人が多いので、どちらかというと教えるのは苦手である。

もう40年も前のことになるが、NHKの教育テレビで当時のヴァイオリンのナンバーワン、E．T．（男性）が中学生の女の子に教えていた。

〝君ねぇ、どうしてこんな簡単なフレーズが弾けないのー！〟と、ずーっとそんな調子であった。女生徒のヴァイオリンの腕は、同年の人たちにくらべればはるかに上手であった、にもかかわらずである。

私にも経験がある。関西在住の某テノール氏の声は甘く明るく、私は山路さんの次にこの人の歌が好きだった。そこで一度レッスンをお願いし、それは叶えられた。

その先生はE．T．氏のように罵詈雑言《ばりぞうごん》を発することもなく、優しいレッスンであったが、教え方としてはごく〝日本の常識〟に沿ったものであった。彼は生まれつき明るく甘く歌える〝体質〟であったので、その方法を他人に伝えることはできなかったのだ。

だがサルコリ氏は歌唱も超一流であったが、教える方でも天才であった。

〝世界のマダム・バタフライ、三浦環〟

〝当時の「敵国（ポーランド）人」と結婚したため、日本では全く知られていないが、ヨーロッパで1000回以上バタフライを歌った喜波貞子〟

〝スカラ座の専属となった原信子〟

〝浅草歌劇の人気者、タヤ！（田谷力三）〟

〝90歳まで美声で歌い通したテノールの奥田良三（筆者が探した頃、唯一彼の声が入っていたのは「軍艦マーチのすべて」のCD）〟

〝ご存じ、藤原義江（T）〟

1916（大正5）年1月17日の「都新聞」に以下のような文章が見受けられる。

〝梁田貞氏のサルコリ式なる独唱（は聴者の耳をそそれり）〟


この1916年というのは、サルコリが来日した1911年から数えてわずか5年目であり、その頃すでに「サルコリ式発声」というものが認知されていたのは驚愕に値する。

そもそも彼は生まれつき教えるのが好きで、好きこそものの上手なれというわけで、来日の翌年（1912年）、『音楽界』に次のような広告が載った。

「サルコリ氏の声楽教授」サルコリ氏はイタリア大使その他諸名士の勧告により、滞在中はその余暇を以て内外20名を限り声楽教授を去る15日より開始せり。受教者在留外人中の美声家ルース嬢、三浦環、清水金太郎氏等内外知名の声楽家あり。高級なる芸術として欧州に尊重せらるる、イタリアのオペラティックエキスプレッションあるいは発声法等歌劇声楽研究者には無上の好機会なり。演奏、教授等は松本楽器店編輯主任加川琴仙氏に申しこまるべし。

（この加川琴仙という人は、サルコリの演奏会、レッスン等々におけるマネージャー的な仕事をしていた人である）

「（関屋敏子の）ペツォールト事件」をきっかけに、日本の音楽（声楽）界は真っ二つに割れた。

日本においては主流である「上野」のドイツ派と、サルコリのイタリア派。

権威の上野ドイツ派と、実力のサルコリのイタリア派。

歌の上手さにおいては〝月とスッポン〟なことは分かっているが、上野側としては〝ハイ負けました〟と認めるわけにも、引き下がるわけにもいかない。なにしろ、「上野」はお国の権威を背負っているのだ。歌の上手すぎる関屋敏子をいじめて、追い出してでも権威は守らなくてはならない。

この騒動に飛びついたのがマスコミ（音楽雑誌と新聞、それに女性向けの諸雑誌）で、彼らは関屋敏子の悲劇を大きく取り上げた。

もちろんマスコミ側としては、こうやってみんなで煽《あお》りたてると自社出版物の売り上げ倍増でウハウハとなる。

だが実は、そんな単純なものでもないのだから面白い。

関屋敏子の祖父ル・ジャンドルが清国の米領事の仕事を終え、観光のため日本へやって来たのが明治５（１８７２）年、彼が43歳の時である。

それ以後の経緯についてはすでに書いたが、ある日、副島種臣と大隈重信が、ル・ジャンドルを食事にお誘いした。

そして２人が「絲」のことを切り出す前に、ル・ジャンドルはほろ酔いにまかせてこんなことを言った。

ペツォールト、三浦環、サルコリ（『月刊楽譜』1932.9）
ドイツ派とイタリア派の和解？
この写真は「上野」（ペツォールト）と「民間派」（サルコリ）が三浦環を挟んで両隣に並んでいることになる。三浦環は「上野」出身であり、卒業ののち「民間派」サルコリの元に学んでいた。加えて三浦は当時日本を代表する声楽家であったことから、「上野」と「民間」の垣根を超える存在であり得たことを象徴する貴重な写真と言える。論文「アドルフォ・サルコリの音楽活動に関する研究（5）」（直江学美）より

「わたしにも、日本のことや明治政府のおかれた立場について少しずつ分かってきました。

そこで思ったのですが、今後はますます公私ともに外国人の訪問が増えてくることでしょう。そしてこんな風に、一杯飲みながらの雑談の機会も増えるでしょう。そういう時に西欧人が常識としていることを日本人が知らないと、別に恥ではないとしても、ハナシがはずまないかもしれません。

政治や経済については直接生活に響きますから、みな懸命に理解しようとします。でも芸術については別に知らなくても生きてはいけますから興味を持たないかもしれません。

だけど最低限の知識は持っていないと、口には出さずとも内心では〝やっぱり発展途上

国〟、もっと口の悪い人は〝土人〟扱いをするかもしれません。

絵画や彫刻ではレオナルド・ダ＝ヴィンチやミケランジェロ。音楽ではベートーヴェンとその代表作である『交響曲第5番　運命』。こういったことはヨーロッパなどの先進国では誰もが常識としていますし、子供でも知っています。

でも学校の授業のようなやり方で芸術の知識を広めようとしても、それはむずかしいでしょう。人々が興味を持つのは〝争い〟であり〝戦い〟です。でも個人同士の戦いを取り上げるとその人が傷つくことも多いので、なるたけ団体・集団の闘争の方が良いでしょう。

こうやってマスコミの記事を通して自然な形で民衆が芸術のもろもろを知る、これが今の日本には大事なことだと思います」


副島と大隈は部下を呼んでル・ジャンドルの言ったことを伝え、彼ら官僚たちは折にふれ新聞社や雑誌社に〝協力〟を求めた。

そしてそれがすぐに現実のものとなったのが、浅井忠《ちゅう》（1856～1907）と黒田清《せい》輝《き》（本名きよてる、1866～1924）の〝争い〟である。

「マチエール（質感）」を強調した「脂派《やには》」の中心人物は浅井忠（幼名は忠之丞常保）、明治期を代表する画家である。代々佐倉藩士の家柄で、家族全員の反対を押し切って新設の「工部省工部美術学校」に入学。イタリア人の画教師フォンタネージの指導によって、めきめきと上達。明治22年、洋画家たちが大同団結して「明治美術会」を結成、忠はその中心人物であった。

浅井忠「春畝」（ウィキペディアより）

フランス人で〝外光派〟のラファエル・コランに学んで帰ってきた黒田清輝が、新たに「白馬会」を創って〝旧派〟と対立し、〝新派〟と呼ばれるようになる。

そして、明治29年の「明治美術会」の展覧会が中止になったことをめぐって「旧派（浅井忠が中心）」と「新派（黒田清輝が中心）」の対立関係がジャーナリズムの好餌となる。

浅井忠と黒田清輝、この2人は本当は仲が良かったのであるが、マスコミは読者の興味をひくために〝犬猿〟のような書き方をした。

この件で庶民も大いに美術に興味を持ち始め、一時《いっとき》、

黒田清輝「湖畔」（ウィキペディアより）

絶滅に瀕《ひん》していた西洋絵画の復活への道が開かれたのである。

みなさんはこの頃、すなわち浅井忠などが苦労して洋画の技法を確立し始めた明治の初期に、「洋画禁止令」が出たのをご存じだろうか。

その張本人は、フェノロサ（1853〜1908 スペイン系アメリカ人）とその弟子の岡倉天心（1862〜1913）。

フェノロサは哲学と経済学を教えるために東京帝大に9年間滞在したが、その間に日本美術のすばらしさを知る。そして、国粋美術の興隆のために「日本美術院」を創設し、洋画をすべての展覧会から追放したのである。

たしかに当時は行きすぎた西洋化現象があり、それは犬の世界にまで及んでいた。すなわちすべての日本犬には洋犬をかけあわさなくてはならないとの風潮。そのため縄文時代から日本人の心の友であった柴犬がゼロになりかけた。

憂《うれ》えた「天然記念物保存協会」の渡瀬庄三郎博士と民間人の斉藤弘吉氏が奔走。噂を聞いてかけつけた、島根の山奥で純血柴犬（石州犬）を発見、今日の隆盛につながる。過剰な西洋化現象への警鐘として発せられた洋画禁止令ではあったが、そのアナクロへの反撥《はんぱつ》も強く、某画学生は抗議のため、下宿で割腹自殺をした。だがすぐに国粋美術の砦《とりで》「日本美術院」は経営危機に陥り、東京下谷から茨城県五浦《いづら》へと都落ち。

ル・ジャンドルの意見はマスコミ各誌に継承され、それは脂派《やに》（浅井）と紫派（黒田）のケンカ報道となって読者の目を西洋絵画に向けさせたのである。

関屋敏子をめぐる〝上野のドイツ派〟と〝サルコリのイタリア派〟の報道は、以上のようなル・ジャンドルの提唱を引き継いだ結果であったのだ。

安芸太郎著『音楽を志す女性へ』の中の「関屋敏子嬢」の項目。

「今まで述べました声楽家のすべては上野出で、ドイツ系の音楽教育を受けた方たちでした。ところが関屋敏子さんはイタリア人のサルコリ先生に学び、上野へ入った時はもう立派なイタリア風の声楽家になっていらっしゃいました。

ところが上野はその時代、偏見といわれる程ドイツ系の音楽を固守していました。イタリア音楽とドイツ音楽はまるで両極端のようなもので、ドイツ系の人はイタリアを嫌悪しています。敏子さんは教授や生徒たちに白眼視され、上野退学を余儀なくされました。イタリア系はベルカント唱法で、声の響きを大切にし、ドイツ系はリートに代表されるように言葉を大切にします。これを鑑みると、音楽の中でも特に声楽に関して、イタリア系とドイツ系の違いは大きいと思います」

昭和6（1931）年2月7日の「読売新聞」。

〝楽壇における上野閥の崩壊は、浅草オペラ出の藤原義江やサルコリ門下の関屋敏子によって漸次具象化し、器楽演奏会においても「非上野」が日本の楽壇の最先端に立っている〟

こういう状況の中で、雑誌『音楽』が「東京音楽学校（上野）を批判する座談会」を開いた。

「声楽」の方は、それまで日本には存在しなかった〝本物のベルカント教師（サルコリ）〟の突然の出現によって大きく様変わりした。この点は、だからやむをえないところもある。

が、「器楽」においても「非上野」が楽壇の最先端を行っている。上野は国立だから国民の税金でささえられている。こんな現状では、税金の無駄遣いの誹《そし》りはまぬがれまい。国民の疑問と怒号に後押しされて、「上野」の校長も重い腰を上げざるをえなくなってしまった。実際のところ、「上野を批判する座談会」に校長が出席するなど、これは前代未聞といっても過言ではなかろう。

座談会は昭和6（1931）年の3月に行われ、それは音楽雑誌『音楽』に掲載された。座長は鹽入龜輔《しおいりかめすけ》（1900～1938）。「読売新聞」記者を経て『音楽世界』編集主任。メンバーは、①東京音楽学校の校長、乗杉嘉壽《のりすぎよしひさ》（1878～1947）、②音楽評論家の伊庭孝（1887～1937）及び堀内敬三（1897～1983）、③新聞記者5名。

進行役を託された堀内が冒頭に述べる。

〝これまで音楽学校の関係者と民間派の人が一同に会うて話しあうということはほとんどなかった。今回そういうチャンスに恵まれたので腹臓なく言い合って、今後の楽壇の発展向上につながればと思います〟

鹽入「（校長に向かって）上野の目的は『芸術家』の養成にあるのか、それとも『師範教育』にあるのか？」

校長「どちらに重きを置くということはないでしょう。第一あの学校の組織というものに関しては、国家の法令というものがありまして、学校自身が特別な意志を持つということはなく、まぁ両方やっています。――ですが、やはりどちらかというと音楽専門の芸術家を養成しようという考えが主であったらと思います。

音楽教師は高等師範学校で養成した方が良いのかもしれないが、経費や設備などを考えて、音楽学校に併設することになったのだと思います。ただ社会に音楽専門家を受け入れるだけの需要がなく、本科を出た人までもが教師として働いている。実に残念なことではありますが……」

金子義男（「東京日日新聞」記者）「上野の学生が民間の先生に習いに行くと学校が極力妨害し行かせないようにする、という噂を耳にしています。実技を磨くという点から言って、どうなんでしょうか」

校長「現在では他へ行って教えを受けることは禁じてあるのです。学校組織としては已むを得んのです」

伊庭「ところで先生より上手い生徒が入ってきた場合はどのようになさっていますか？」

校長「そういう場合は、その人に先生になってもらいます――嘱託というような形で……」

発言者名不明「将来芸術家として優秀な人になれそうな者には、学校がいたたまれないように仕向けたということがある。教師型の人がいつも学校の寵児になり、芸術家タイプの人が疎んぜられる。最近の例では関屋敏子のように、迫害されて、ついに退学したというようなことが今迄にあった」

ここに至り、この座談会の発端が「関屋敏子――ペツォールト事件」であったことが明らかとなる。世間のあまりの喧《かしま》しさに、校長としても何らかの火消しのために出てこざるを得なかったのであろう。

〝関屋敏子は、民間の人に習ってはいけないという校則に違反した〟――これを錦の御旗として学校を正当化（実際には入学後、敏子はサルコリについていない）。

また上野には〝教師型の人が寵児になり、芸術家タイプの人が疎んぜられるという「雰囲気」があるので、やむをえなかった〟――校長としては、ぎりぎり、そういう申し開きをするしかなかったのだ。

座談会によって、当時のしろうと（一般読者）にも内幕が分かり、「関屋敏子――ペッォールト事件」の原因もある程度判明した。

となると、サルコリがいつまでも〝野〟にとどまらざるを得なかったことについての見方も変わってくる。

筆者の既述をかえりみるに、サルコリの在野の原因は、①イタリアの大学で「マエストロ・ディ・カント」の学位を得ていなかったこと、②（同じような意味だが）従って伊庭の言う「ペダゴーグ（教育者）」にふさわしくなかったこと。

だが座談会が明らかにした事実によって、そうではなかったことが判明したのである。すなわち、サルコリ自身世界的レヴェルの大歌手であったし、彼が育てた歌手たちも世界の水準に迫る〝芸術家〟であった。

このように〝サルコリ一家〟は〝芸術家の大集団〟であった。だから「上野」や、上野出身者によって経営指導される「私立（音楽学校）」もサルコリを呼ばなかったのである。

もうお分かりと思うので蛇足になるが、もしサルコリが「上野」や「私立」の教師になると、その弟子たちだけが突出した世界レヴェルの芸術家（歌手）となって、学校の中で浮き上がってしまう。言い方を変えれば、他の（ドイツ派の）教師たちの無能が明白となり、そのレゾン・デトルがなくなってしまうからである。

「拙著」の中で山路芳久さんのことを世界一流と絶賛し、それについて何人かの藝大出の読者から〝よくぞ言ってくださった。今、彼は藝大の中で冷や飯を食わされています〟との手紙をもらったのは、山路さんは現藝大の中で〝サルコリ的存在〟であったからなのだ。

私には、藝大における〝冷や飯〟が何を指すのかは分からない。だが「座談会」の中で〝生徒はつきたい先生にはつけない。どの学生をどの教師につけるかは学校が決める〟とあった。

山路さんにはわざと将来性の乏しい学生ばかりを与えた――これが〝冷や飯〟の正体であったとすれば、あまりに悲しいことである。

歌唱法考

先日（令和3年11月初め頃）の新聞に、若手男性のチェリストが世界的コンクールで優勝したとの報道があった。テレビのニュースでも寸時映像が流れていたが、なかなか激しいエネルギッシュな演奏で、オーケストラの指揮者も彼を抱擁し、褒揚《ほうよう》していたのが印象的だった。

ここ数年、日本人の器楽でのコンクール世界一が続いているが、そのほとんどが中学生くらいから外国の音大に進んでいる。日本の音楽学校を出ている人は皆無に近いのではないか（?）。

器楽といえば日本にも幾つかのオーケストラがあり、ごくまれに深夜のBSなどで放映されている。『ここに泉あり』の頃に比べると、その技術は随分と進化はしている。『ここに泉あり』は昭和30（1955）年、筆者が14歳の時の映画で、リアルタイムで観た。終戦直後、市民の楽団（群馬交響楽団）が大苦難の末に設立されていった物語。

そういえば令和2年頃、その群馬交響楽団がテレビに出ていたように記憶する。テクニックは、昔とは格段に進歩していたが、相変わらず音がドヨーンと沈んでいて、暗い。この傾向は、日本のN響などの一流といわれるオーケストラも同じで、これは明治以来のドイツ流の音というやつだろう。

私はオケの音とはそういうものだと思っていたが、フィレンツェの旧貴族の野外公苑のようなところで聴いた地元のオーケストラの音は、まるで違っていた。曲はベートーヴェンの「第8」。〝ユーモア〟との副題で呼ばれている、その曲のせいもあるが、とにかく、軽く、明るいのである。日本の楽団のそれとは、同じオーケストラの音とは、とても思えない。日本のオケの音を〝ヴァーグナー的〟と表現すれば、フィレンツェのそれは、まさに〝ロッシーニ的〟であった。

音楽は字のごとく「音を楽しむ」ものであり、従ってその音は明るくなければ楽しめない。

ドイツ流は、歌でも器楽でも、その音は暗い。

これは民族的なものであり、ドイツの人々は物語でも、音（楽）でも、暗くないと安らげないのだ。そのドイツ流に頼った（輸入した）日本の音楽は当然暗い。

すべての音楽において日本のそれは暗い。が特に歌において、その傾向は顕著である。

原因は2つある。

まず、聴く方の立場から言って、なぜあんな暗い〝お墓の歌（千の風……）〟を日本の人たちは好むのか。あの歌は内容的にも暗いし、それに輪をかけて歌った人の声は暗い。

しかるに、日本で大ヒットした。

日本人は古来より、キラキラと輝くものには反感を持つので大理石の家には住まない。彼らが好んで建てた家は、藁《わら》屋根、土壁、障子、襖《ふすま》、畳、いずれも日光を遮り、音を吸収するものばかりだ。その民族的嗜好《しこう》の原因は分からないが、日本人はずーっと薄暮のような光線の中で暮らしてきた。〝暗い〟のが好きなのである。

次に、歌う立場から言って、日本人の脳の構造は世界の民族の中でも特殊なもので、それが〝暗い声〟の原因になっている。

約40年前に東京医科歯科大の〝耳科〟が全世界的な調査を行い、仰天の結果を得た。世界中のほとんどの民族は「右脳で母音を聞き、左脳で子音を聞く」のに対して、日本人とポリネシアの人々は「母音も子音も左脳で聞く」。

そもそもインド・中国・エジプト・メソポタミアの古代文明の文字には「母音」がなく、

何千年もの間、人間は「母音字」なしに暮らしてきた。それが紀元前９００年頃に「母音（の表記）」というものが、突然にギリシャ人によって発明されたのである。

ギリシャ文字のもとになったのはフェニキア文字である。フェニキアというのはＢＣ３０００年頃から地中海の東の狭い土地（北はアレッポから南はガザまで）に、交易を中心に暮らしていた民族である。

フェニキア文字はアルファベットの起源となった文字であるが、その画期的なところは、ＢＣ17世紀に「表意文字から表音文字に変わった点」である。

このフェニキア文字がギリシャに伝わって、現在の西欧文字の基本になるのであるが、その時点ではまだ「母音」というものはなかった。だがギリシャ風のアルファベットが出来上がるにつれて、ギリシャ人にはどうしても「母音」というものが必要になってきた。その大きな原因のひとつは「母音は右脳で聞くのに、子音は左脳で聞く」という事実である。

加えて、既述したように、フェニキア文字は「表音文字」となっていた。そこで、子音を表す表音文字と、母音を表す表音文字という組み合わせが発想されたのである。

これは、西欧文字のほとんどに受け継がれ、英語の「犬」は「dog《ドッグ》（子音・母音・子音）」。イタリア語の「犬」は「cene《カーネ》（子音・母音・子音・母音）」となっている。

一方、母音も子音も左脳で聞く日本人には、表記における母音と子音の区別というものがなく、たとえば「火」は「ひ」一字である。これが西欧語なら「ＨＩ（子音＋母音）」となるところだ。

そしてこのことが「歌唱法」と重大な関わりを持ち、器楽では一流なのに、声楽では大の劣等国になっている所以《ゆえん》なのだ。

西欧の歌は「母音（唱法）」で出来ている、とよくいわれる。すなわち短い音でも、長い音でも母音で伸ばすのであるが、特に長い音は意識して母音で伸ばさなくてはならない。

今「意識して」と書いたが、意識しなくてはできないのは多分日本人だけで、西欧の人はごく自然に母音唱法ができる。というより、母音唱法しか、生まれついてできないのだ。

だって子音で音を伸ばすなんてことはできないのだから。しかるに日本人は「子音（と母音）」で音を伸ばしている。たとえば〝おそろしい火――！〟というメロディーがあるとすると、日本人は「ひー！」、すなわち「Ｈ（子音）＋Ｉ（母音）」を〝一つのものとして、同時に出す〟わけだ。西欧人なら〝ひ（ＨＩ）〟のあと、すぐに〝い（Ｉ）ー！〟と母音で伸ばすことになる。

特に「アクート（acuto）」の場合に、それは著明となる。アクートというのは本来は「急性」という意味で、医学用語として「アキュート・アブドーメン（急性腹痛）」なる言葉がしばしば使われる。

オペラのアリアの、最後の音を長く伸ばすのを「アクート」と言うが、これは「母音」でしかできない。実はイタリアのオペラが世界を制覇した理由がそこにあるのだ。

ローマ帝国時代のイタリア語はラテン語で、単語の最後に子音が使われることが多かった。たとえば〝王様〟は〝レックス（rex）〟で、子音の〝Ｘ・クス〟で終わっている。ところが紀元１０００年頃に、現在のイタリア語が出来た時、単語の語尾が、ほとんどすべて母音になった。前述の〝rex（レックス）〟は〝re（レ）〟、すなわち母音の「e（エ）」で終わるようになった。

アクートは母音でなくては不可能だから、イタリア語はまさにオペラ（歌）のために作られたような言葉であった。

〝母音〟は本来的に〝明るい〟ものなので、イタリア語の歌は、たとえ悲しい歌でも明るい声で歌われる（聞こえる）。

さっき、欧米人は〝母音は右脳で扱う〟と書いた。そして〝右脳は、ひらめき脳であり、芸術脳〟であるから、〝（右脳の）母音で歌うイタリア人の歌〟は芸術性に溢れている。

対して日本人の場合、〝母音も子音も左脳で扱う〟。「左脳」は「理論脳（非ひらめき脳）」であるから、日本人の歌う歌は〝数学や倫理学〟のように固苦しく、非開放的となる。

そして大切なことは、「子音というものは喉（声帯）でしか出せない」ということである。

たとえばドイツ語の「私 ich イッヒ」の「ヒ」は、喉にひっかけないと出すことができない。

だから左脳で出す声、すなわち子音で出す声で歌われる日本人の歌は暗く、おそろしい。幼稚園から頼まれて、（日本人の）ソプラノ歌手が行って童謡を歌うと、園児から〝ヘンな（変な）コエー！〟と言われる理由はそこにあるのだ。

ではなぜ日本人歌手は、自分の声が〝ヘンな声〟であることに気付かないのだろうか。実は彼らは、自分が〝明るく、美しく、良い声〟で歌っていると思っているのだ。しかるに、実際に出ている声は〝暗くて、おそろしいもの〟である。そのギャップはどこから生じるのだろうか？

日本人の歌を歌う人（プロの人も、しろうとの人も）の99パーセントが〝常識〟としている〝日本的腹式呼吸〟は以下のようなものである。

腹式で息を吸って、おなかに溜めて、それを吐き出すことによって声帯をふるわせる（振動させる）。息を少し出せば弱い（ピアノの）音になり、たくさん出せば強い（フォルテの）音になる。前述のアクートの時は、腹いっぱい溜めて、それを一気に出すわけである。

実は筆者も、50歳まで日本の〝常識〟に従ってそうやっていた。

テープレコーダー（最初はリール式）が出来たのは筆者が大学生の時であったが、テレコから流れ出る自分の声は、暗く、ベチャーと平べったく、おぞましいものであった。

ところが、前述の京都のN先生も、その後についた諸先生も、私の発声法について何もおっしゃらない。

今になって思うのだが、諸先生も〝日本の常識（的発声）〟にとらわれていて、誰も本当に美しい声を出す発声法をご存じなかったのだ。

で〝日本的腹式発声〟をするとどうなるか？

おなかに力を入れているので喉にも力が入り、声帯の振動が直接鼓膜に伝わり（骨伝導）、困ったことに、この声は自分にはすごく迫力のある良い声に聞こえるのである。

こうして、園児から〝ヘンなこえー！〟といわれる声になるのだが、実は本人にはすばらしい美声としか認識されていないのである。

世界中で日本人だけが〝母音も子音も左脳で聞く（扱う）〟、このことが〝ヘンなこえー！〟を生んでいるのだ。


50歳の時に以上のことに気付き、〝日本式腹式呼吸〟をやめて、気が付いたのが「吸気唱法」であった。

〝日本式〟では、〝溜めた声を出すことによって声帯をふるわせる（吐気唱法）〟であるが、吸気唱法では「腹式で息を吸いながら声を出す」のである（この時〝声帯をふるわせる〟ことは意識しない方がよい）。

妹にこのことを話すと、胸で息を吸って「そんなこと無理やわー」と。だが、神戸女学院の声楽科を出た人は、さすがに腹式呼吸を鍛錬しているだけあって即座に理解、「これなら楽《らく》だし良い声が出ますわ」と。

まれに〝日本式〟で、力を入れていても高い声の出せる人がいる。日本のプロの、主役を歌っているような人のほとんどがこのタイプであるが、彼らは〝力を入れていても、舌根が上がらない方法〟を知っているのだ。だが高い声は出せても〝骨伝導声〟なので、暗く濁っており、決して美しい声ではない。

私も舌根が上がらない方法をいろいろと模索したが、発見できなかった。が、ついに、そのおかげで以下のような〝明るい声を出す方法〟を見いだすことができたのであった。

結論を急ぐ。

①「(声楽の)声」の正体は、喉声ではなく「ファルセット」である。これは古来よりイタリアの声楽の本には書かれていることであるが、51歳の時にそれが何であるか発見した。ファルセットというのは日本語にすると〝裏声〟ということになり、これが大きな誤解の原因となる。私が気付いたのは「ファルセット」には2つあり、ひとつは日本でいう裏声。歌舞伎の女形《おやま》が出す〝こわいろ〟で、これは頭のてっぺんから出す。

もうひとつは「眉間」で、薄く、細く捉えた「仮声(ファルセット)」、これが古来からイタリアで言われてきたファルセットの正体である。

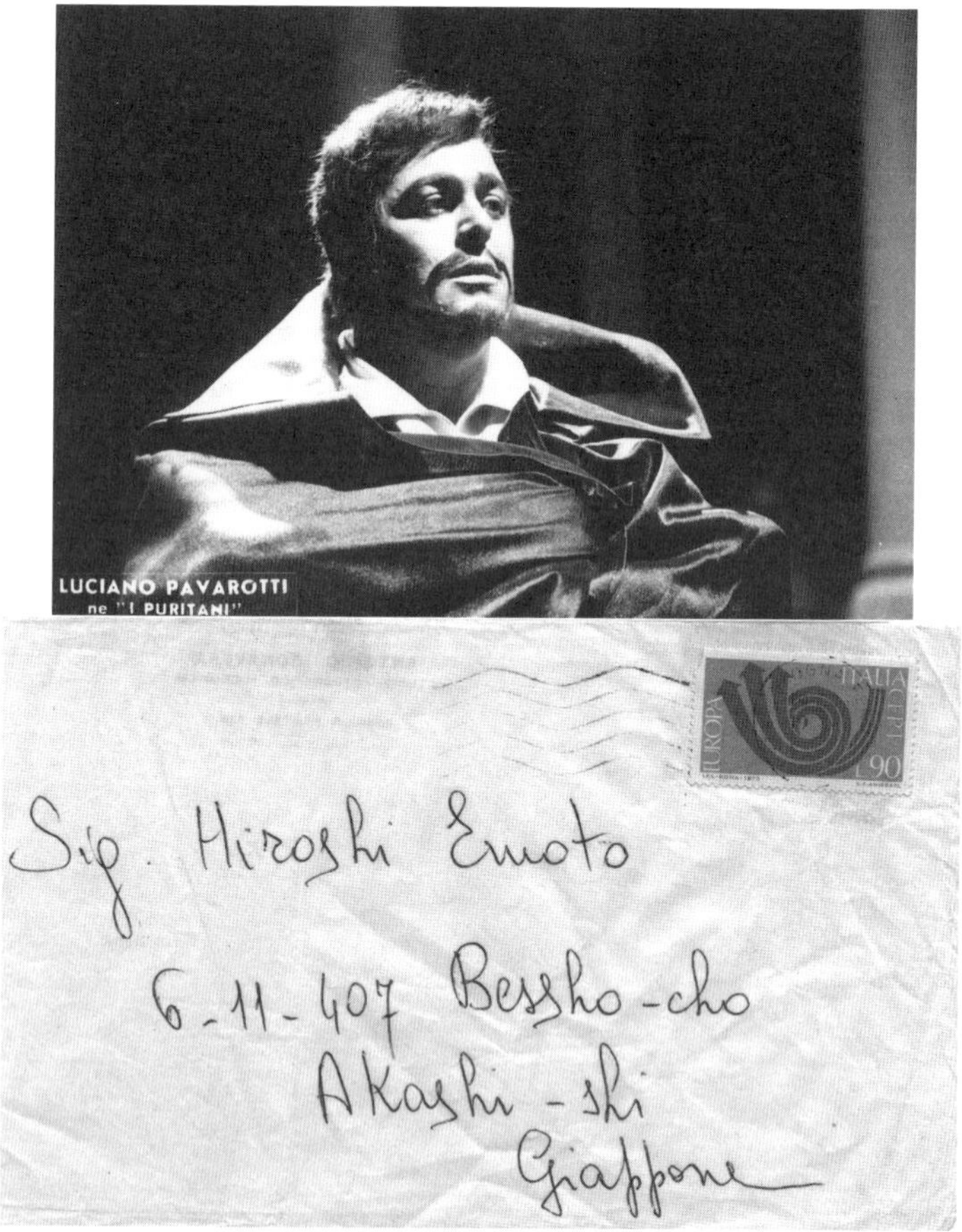

約30年前、パヴァロッティ氏と某所で出逢った。そのおり、筆者が「先日、プッチーニの『ミサ曲』のソロをした」というと、「ぼくはその曲を知らない。楽譜をお持ちかね？」と、住所を教えてくれた。早速お送りしたが、写真はその礼状の中に入っていたもの。

「声の実体」は、実はこれであるから、ゆめゆめお忘れなく。

この蚊の鳴くような「仮声」を、少しずつ「実声（ヴェラ・ヴォーチェ　真実の声）」に持っていくのが「ベルカント唱法」のすべてといってよい。

なお、イタリア式の発声の基本は〝顔の表面で声を薄く捉える〟であり、今述べたことと矛盾しない。が、ドイツ式では〝喉の奥から頭頂に抜ける声〟を可《よ》しとする、がこの声は暗くなる。

ただし、映画『未完成交響楽』（1933年　ドイツ・オーストリア）の中で「セレナーデ」を歌う主演女優（マルタ・エゲルト）のような、理想的なベルカント声を出す人もいるし、ウィーンで観たオペレッタのソプラノは、とっても透明な声を出していた。

思うに、悪いのはどうやらヴァーグナーのようで、〝暗い森の中で演じられる神話の世界〟を表現するために、わざと暗い声を強制したふしがある。

昔、ルネ・コロというドイツ系のテノールがすばらしく明るい声で、おっ良いな、と思っていたが、2、3年後には真っ黒の声になっていた。その後、彼はヴァーグナー歌いとして有名になるので、わざと暗い声にならされたのだと分かった。
②「吸気唱法」、これはパヴァロッティ流の言葉でいえば〝あくびをするように〟であり、

こうすると喉が開き明るい声が出る。と同時に舌根がせり上がるのを防ぐことができる。

③最後に「天啓」のようにひらめいた、ジグソーパズルの最後のピースについてお話ししよう。

80歳になったばかりの頃、なんという理由もなく、突如、〝声は腹の底から出してはいけない。上唇と下唇で、歌詞をつぶやくだけでよい〟との天の声が聞こえてきた。

それは仕事が終わって、ブラブラと家路に就いて歩いている時であった。この「歩く」ということは非常に大切なことであって、小学校の講堂にベートーヴェンが田園地帯を散歩する絵が飾ってあった（6番「田園」のヒントはこの時生まれたという）。

足の裏はサテライト脳（第2の脳）といって、その部分への刺激は脳を活性化する。

日本では〝歌はハラの底から出すべし〟といわれているし、2、3の人に訊《き》いても、みんなそう思っているとのこと。

で、その次の練習の時〝両の唇でつぶやく〟を実行してみると、今までの私の歌と全く違って、第一、音程が別人のようによくなり、しかも練習場の一番後ろまで〝響く〟ようになった。

よし、と自信をつけた私は「第9回みおつくしクラシックコンクール」に出場し、「声楽第1位・大阪市長賞」というのをいただいた。

年2回開催しているリサイタルでも、まるで別人のように上手くなり、聴衆の方も急増している。なお機械オンチの私に代わって、友人がユーチューブにアップロードしてくれた。


（追記）この〝両唇で歌詞をつぶやく（しゃべる）〟を発見した約半月後、ついに歌唱法を完成させる重大事に気が付いた。

それは、歌詞をしゃべる場所を「唇でなく、眉間に移す」ということである。すなわち「眉間に唇があるかのようにイメージし、眉間でしゃべるかのような感覚を持つ」と言いかえることができるだろう。

そのための具体的な方法は「唇の両端を引っぱり上げる」ことであり、こうすることによって響きがより上方（天井）に近くなり、明るく、スカッと抜けたような響きになる。

そして思い出したことは、私の最も敬愛するアルフレード・クラウス師（T）が公開レッスンで、すべての受講者（弟子）にやっていたことである。

彼はお弟子さんの両の頬骨を両の親（拇）指で押し上げ〝このままで歌いなさい〟と指

導していた。35年も前に教えられていたことであるが、やはり自分で苦労してモノにしなければ、ホンモノにはならないという見本のようなケースといえよう。

敏子とサルコリ（1）

ここからしばらくの間、関屋敏子とサルコリの織なす運命の糸について述べてみる。これまで述べてきた内容と重複する部分もあるが、総括的な意味としてご理解願いたい。

敏子が生まれたのは明治37（1904）年、東京。

（ちなみにこの年、プッチーニ『マダム・バタフライ』初演）

一方のサルコリは1867（慶応3）年、イタリアのシエーナに生まれ、テノール歌手となる。歌手となる前にマンドリンとギターを習得し、日本では慶應義塾大学にマンドリン・クラブを創設。初めてこの楽器を持ち込んだのはサルコリ来日の10年前の明治34（1901）年、比留間賢八によってであるが、広く日本に流布させたのはサルコリである。

筆者のカンツォーネの伴奏をしてくれているマンドリニストの葛原睦子さんは、さすがにサルコリのことをよく知っており、私のコンサートでもサルコリ作曲の「ミモザの想い出（Souvenire di Mimosa）」というのを弾いてくれた。なおこの曲は、サルコリがマンド

1908

13
SOUVENIRE DI MIMOSA
VALTZER LENTO
Introduzione
Andantino
Mº ADOLFO SARCOLI
MANDOLINO
MANDOLINO (ad libitum)
CHITARRA
PIANOFORTE
VALTZER calmo
arpeggio
rall
a tempo
1908

リンとピアノのために作った唯一の曲であるそうな。

サルコリはジョルジョ・スッリ（詳細不明）というマエストロ・ディ・カントに発声を学び、1897年にシエーナで歌手デビュー（『ラ・ジョコンダ』）、広く世界中の歌劇場に出演した。

フィレンツェ、ナポリ、ミラノ、殊の外多かったのはシチーリア。それからスペイン、ギリシャ、エジプト。ルーマニアの語源は「ロマーニャ」で、イタリアオペラ大好き人間が多く、サルコリは1903、1904、1906、1910年と、連続して4回も訪れている。そして既述の通り1910年から1911年にかけて、フィリピンのオペラハウスで歌い、絶賛される。

この年（1911年）、オペラ出演のために上海を訪れるが、清国に辛亥革命が勃発して上陸できず、物見遊山のつもりで日本を訪れる。

この時、敏子は7歳で、東京女子高等師範学校附属小学校の2年生。

8歳の時、昭憲皇太后の御前演奏会で歌い、皇太后よりおほめの言葉をいただく。

これをきっかけとして、東京蓄音機商会から学校向けのレコードを出したいとの申し入れがあり、「ふじの山」「春が来た」、三浦環に習ったばかりのロッティ（1667～17

40　ヴェネツィア楽派の大物）作曲「美しい唇よ」他、計10曲を収録した。録音、発売は敏子11歳の時。

なお、この「美しい唇よ」については、この時から11年後の「都新聞」が以下のように伝えている（大正14〈1925〉年5月24日号）。

〝「独り立ちする関屋敏子孃　ソプラノの天才的歌手」今は十年余の昔、三浦環女史の率いる銀鈴会が春の演奏会を催した時「美しい唇よ」の独唱をやって、その天才的な唄いぶりに聴衆を魅し去った11歳になる少女があった〟

敏子7歳の明治44（1911）年、フラッと日本に立ち寄ったサルコリは「上野」で数曲歌う。

同年11月25日の「東京日日新聞」。

〝漫遊の途次わが国に立寄られたサルコリ氏の歌は音量が豊かで、生徒たちは全員ニコニコ顔で聴き入っていた〟

その約1カ月後の12月15日、帝国劇場で『カヴァッレリーア・ルスティカーナ』の原語抄演を、オーケストラの伴奏で三浦環相手に行った（その時の様子は既述）。

dolce
tr rit.
che fa tut - to il mio pia - cer, il mio pia -
rit.
cer.
Pur di -
a tempo
ben cantando
p
p
cresc. molto
pp rit. con grazia
ce - sti, o boc - ca,boc - ca bel - la, o boc - ca,boc - ca bel - la,
cresc. molto
pp rit. col canto
f
f
pp con grazia
quel so - a - ve e ca - ro sì, sì, quel so -
f
ten.
ten.
ten.
f
pp
ten.

78
Pur dicesti, o bocca bella
美しい唇よ，お前に言ったのだ
Arietta
Antonio Lotti
(1667 - 1740)
Allegretto grazioso (♩= 69)
21
p e leggiero
ten.
mf
pp
p
Pur di - ce - sti, o boc - ca, boc - ca bel - la, o boc - ca, boc - ca
sempre p
bel - la, quel so - a - ve e ca - ro sì, sì,
tr

この時のサルコリの様子を雑誌『音楽界』は次のように伝えている。

〝この歌劇の舞台でのサルコリの注意は大したもので、観客には分からぬようにオーケストラを目で指揮したり、三浦環さんの出のところや音羽兼子さんの出のところを歌ってやったり指で誘ったり、まるで自動車を運転するようなぐあいであった〟

翌明治45（1912）年、帝国劇場の懇請によって日本での滞在を延長し、お弟子さんの募集も始めている（既述）。

一晩千円の出演料とレッスン料で、サルコリの収入は相当なものであり、その後何度もイタリアやアメリカに渡航している。

同年6月、「東京日日新聞」に、突如としてサルコリが日本を去るとのニュースが掲載された。

理由は、親交のあるプッチーニの新作『西部の狼』（1910年、メトロポリタン歌劇場で初演）のミラノ・スカラ座版への出演依頼（実現はされなかった模様）。そのことよりも新聞が大きく取り上げたのは、新聞のタイトルにあるように、

〝声楽家サルコリ氏去らん　我が国のドイツ楽風万能が不快か〟であった。

関屋敏子がドイツ系のペツォールト夫人にいじめられて退校し、世間一般に〝ドイツ流

対するイタリア流〟が問題になったのが大正11（１９２２）年であったから、それより10年も前からこの問題はくすぶり始めていたわけである。

一旦日本を離れたサルコリが、再びやって来る旨の記事が載ったのが明治45（１９１２）年11月5日の「読売新聞」。

〝ソプラノの原信子を伴いて上海に赴きたる声楽家のサルコリ氏は当地にて非常に好評を博し、招聘契約を延長したが、来たる25日まで上海に止まり、その後、再び来朝する予定〟

なおサルコリが日本を去る決意をしたことについて、「東京日日新聞」には、

〝好楽家は非常にこれを惜み目下極力氏に帰国を断念せしめんと運動中〟

とあり、彼が来日わずか1年にして広く日本に受け容れられていたことが分かる。

日本に再来日したサルコリは、従来の歌唱、弟子へのレッスンに加えて、マンドリンのコンサートの指導にかなりの力を入れている。

「慶應マンドリン倶楽部」「東京マンドリン倶楽部」「横浜マンドリン倶楽部」等の公演では、必ず自分の歌を〝人寄せパンダ〟にし、そのコンサートはいつも満員であった。

大正5（1916）年は敏子が12歳でお茶の水女学校に入った年であるが、サルコリの活動はますます活発で、この頃から「サルコリ式発声法」という言葉が定着しており、彼自身も、自分の指導力に自信を持ち始めたものと思われる。

ちなみにイタリアでは、「マエストロ・ディ・カント（発声の先生。解剖学などを修めた〝資格〟を要す）」は、次述の「伴奏者」の10倍の月謝（収入）。

オペラを丸ごと口うつし的に教えるのは「アッコンパニャートト（ピアノでの伴奏者）」。日本では声楽の先生というと「発声」も「歌」も同時に教えるが、イタリアではそれぞれに役割分担が決まっており、〝現役の歌手〟が弟子をとってレッスンをすることはまれだと聞いている（ロッシーニの場合、有名歌手の妻イザベッラ・コルブランが弟子をとり始めたことに激怒し、永遠の別居――実質の離婚――をしたことはすでに述べた）。

だからおそらく、イタリアにおいてはサルコリは歌手志望の人にレッスンをしたことはなかったと思われる。だが彼には天性の教授能力があり、教えたくてウズウズしていた、ちょうどそんな時に日本へやって来た。

日本では「マエストロ・ディ・カント」の資格などは問われないし、思う存分〝教え上

日本に本格的なベル・カント唱法の道をひらいたベルトラメッリ能子（左）。（CD「日本洋楽史　声楽・女声篇」より）

手の天分〟を発揮した。

教えた弟子は少なくとも150人は下らず、世界水準の歌手も含めて、主だった人は以下のごとし。

三浦環、原信子、喜波貞子、関屋敏子、ベルトラメッリ能子、藤原義江、田谷力三、奥田良三、等々。

以下においてサルコリのレッスンについて記すが、まずは三浦環。

昭和8（1933）年4月27日の「東京朝日新聞」。

このインタヴューの時サルコリは66歳、死の3年前で、体力、気力ともかなり衰えている。

〝もう1、2年したら兄妹のいるイタリアに帰りたいと思っています。私をかくも長く日本に留めたのは、全くお国が好きだからです。歌を教える時が一番楽しく、何もかも忘れてしまいます。

三浦環さんを初めて教えた時は、たしか環さんが24歳の時でした（註　明治40年。この時関屋敏子は3歳）。当時は今のようにコーヒーがすぐには手に入らず、水ばかり飲んでいました。でも時々は環さんと一緒にわざわざ、ここ四谷仲町から上野の精養軒までコーヒーを飲みにいったものです。

環さんは非常に熱心に勉強しました。それに比べるとどうも最近の人は熱心さが足りません〟

昭和2（1927）年の「東京日日新聞」には、

〝月謝もとらずにしこんだ最初の秘蔵弟子は欧米にその名高き三浦環さん〟

ここで三浦環の呼吸法について記しておく。

環は東京音楽学校の研究生のかたわら、嘱託として予科の声楽授業を受け持っていた。その最初の学生が、後に大作曲家となり歌劇『黒船』を作曲した山田耕筰である。彼は大変なヤンチャ坊主で、2歳年上の環姉さんにいたずらしたり、からかったりして、しょっちゅう泣かしていた。

で、環先生の発声法。

〝身体《しんたい》をまっすぐにして吸った息も貯えておいて、お腹に力を入れて息を出します〟

これは藤井環子という人――おそらく環先生に習った人だろう――が、明治39年の「時事新報」に載せたものである。

このやり方は既述したように、筆者（私）が50歳までやっていて、歌が全然上達しなかった元凶となったものである。日本人の、アマも含めて大半の歌い手が正しいと考えている〝お腹に力を入れる〟やり方は、やはり発信元は「上野」だったわけである。

現藝大は上野そのものであるから、藝大出の歌い手が（山路さんを除いて）みんな世界の水準から程遠いのはやむをえまい。

環がサルコリと初めて共演した時（帝劇『カヴァッレリーア』）の批評を思い起こしてほしい。

佐藤紅緑〝あまりに懸隔が甚だしかった〟

有島生馬〝夫人は悶《もが》き努力して雷鳴のようなテノールに敗けまい敗けまいと苦心〟

サルコリは吸気唱法で、喉が充分に開いているので会場の最後部までよく聴こえる。環はお腹に力を入れているので〝そば鳴り声〟がして、ほんの周囲の人にしか聴こえない。

そしてこの「懸隔」は大きなホールほど詳《つまび》らかになる。

さらに環は授業で言う。

〝歌をうたいます時には大きく口をあけて歌ってください〟

これも日本人の歌をうたう人のほとんど100パーセントの人が〝常識〟としていることである。

ところが私が80年間の研鑽《けんさん》の末に、最後のピースとして発見したのは、口を大きく開けないことであった。上下の唇で歌詞をつぶやく、こうすると、大きく口を開けた時のような〝空気洩れ〟をせずに、よく響く声が出る。パヴァロッティは、このことを〝しゃべるように歌う〟と表現している。

小学校の音楽の授業では〝口を大きく開けて歌いましょう〟と習った。

〝アは縦に大きく、エは横に大きく……〟、この最もしてはいけないことを〝(日本における) 常識〟としたのも、やはり「上野系列」の小中の音楽教師であったのだ。

三浦環は、この「お腹に息を溜めること」と「大きく口を開けること」を、サルコリ先生に徹底して直され、その結果、世界的大歌手になったのである。

この点、関屋敏子は幸運であった。

上野で、やってはいけないことだらけの教育を受ける前に、サルコリ先生に習ったのだから。

思えば「土曜音楽会」でペツォールト夫人に意地悪されて上野を早々と退学したのも、

結果論だが、大変に良いことだったと言えるだろう。

上野を退学した翌年、関東大震災が起こり、関屋家も被災、大事なピアノも燃えてしまう。

だが、捨てる神あれば拾う神あり、父の友人の日本郵船の重役根岸練太郎氏から〝亡くなった娘のピアノを――〟と譲ってもらえることになった。

震災の翌年には、イタリアへ〝疎開〟していたサルコリも戻ってき、敏子は以前のような〝受験のため〟でない、〝世界に羽撃《はばた》くため〟のレッスンをサルコリ先生にお願いすることになった。

先生も生徒も死にもの狂いとなる。

サルコリの弟子へのレッスンは、普通週に1回であったが、敏子は週に4回、しかもサルコリ先生にしがみつくような熱心さ。

サルコリの養女となって、サルコリの晩年まで世話をした丸山とく子さんの談話。

〝敏子さんのような生徒さんも珍しかった。時には熱心すぎてサルコリさんが悲鳴を上げることもあった〟

そのうえイタリア語をローマ生まれのピーナ女史に、同時に英語、ドイツ語、フランス語も習い、作曲と和声を小松耕輔氏に、といった具合で本当に寝る間もなく、居眠りで電車を乗り過ごすこともしばしばであったという（直江先生の論文より）。

サルコリ師の弟子のほとんどが、三浦環のように〝上野でヘンなくせをつけられた人ばかり〟であった。が、唯一関屋敏子だけは違っていた。

小学生でレコードに10曲を吹き込んだほどの美声と歌上手。サルコリ先生が思わず、

〝あなたの歌は西欧人の歌にそっくり。だが顔や身体は日本人……〟

〝私の祖父はフランス人です！〟

〝そうか、やっぱりそうか、トシコの歌はどうしても日本人のものとは思えなかったのだよ。やっと謎が解けた！〟

敏子が世界水準の歌い手をめざして、再びサルコリ先生に習い始めたのは大正13（1924）年、敏子20歳、サルコリ57歳の時であった。サルコリも来日して13年目、毎日数多くの弟子に接しているうちに日本語も随分と上達した。

サルコリ「もう発声について細かいことを教える必要はない。が、ただひとつ、一生忘れないでいてほしいことがある、それは――

仮にひとつの音（音譜）をこのようなものだとしよう（と言って、紙に白い丸『○』を描く）。

あなたが歌う時、いつもイメージしなくてはいけないことは、『この○の上部の10分の1を歌う――〝声〟にする――』という意識です。そう、決して○全部を歌ってはならない。○全部を歌うと声は太く重いものになり、暗い響きになってしまうのです。

あなたの声は『コロラトゥーラ』といって、ソプラノのなかでも特に高く、美しく輝き、時にはコロコロと転がりまわるようにメロディーを奏でなくてはなりません。○印の上10分の1を、それも下からしゃくり上げるのではなくて、上から取るような意識で歌ってください。

以上のこと以外に、あなたにお教えする、技術的なことはありません。これからは、あなたがヨーロッパでオペラ歌手としてやっていけるだけの教養と訓練を、一緒に勉強していきましょう。

まず『ランメルモールのルチーア』を教材にします。これは難曲であります。ですが逆

ナポリのサン・カルロ劇場で「ランメルモールのルチーア」の初演のタイトル・ロールを創唱したファニー・ペルシアーニ

「ルチーア」の作曲家、ガエターノ・ドニゼッティ

『イタリア・オペラの黄金時代　ロッシーニからプッチーニまで』
（音楽之友社より）

にこの曲さえモノにできれば、他のすべてのオペラも難なく歌えるようになるでしょう。

オペラというのはすべての芸術を網羅したものですから、幅広い教養が必要とされます。

折にふれてでよろしいから、本を読んだり、絵を見たり、時には釣りをしたり……」

「あっ、わたし幼い時、自分の家の池で泳いでいるお魚を釣ったりしました」

「ほーっ、それは良い。とにかく、この世に存在するすべてのことに興味を持つことが

サルヴァトーレ・カンマラーノ。『イタリア・オペラの黄金時代　ロッシーニからプッチーニまで』（音楽之友社より）

大切です。好奇心こそ、その人の人格を高める最大の要素です。

ただし、ここでは時間的な制約もありますから、研究の対象はオペラに限られます。限られるといっても、さらに多方面な要素がオペラには含まれますから、１つのオペラを習得することによって、今まで知らなかった世界が広がってくるでしょう」

サルコリ先生の話は続く。

「ルチーアの物語は、１６６９年にスコットランドであった実話を、サー・ウォルター・スコットが小説にし、それを実力のある台本作家、イタリア人カンマラーノがオペラ仕様に仕立てたものです。作曲はガエターノ・ドニゼッティ。全作曲家の中でも彼ほどベルカント唱法のすべてを知っている人はいません。そしてその彼の代表作がこの『ルチーア』です。

エーと、イギリス人だから〝ルーシー〟ですね。そして相手役のテノール、エドガルドは〝エドガー〟。ランメルモールはイギリスの地方の名、〝ラマームーア〟。

以下はイタリア語で話を進めていきますが、主たる舞台となるレーヴェンスウッド城。この城はもともとエドガルドの父のものだったのですが、その父を殺して、今はルチーアの兄のエンリーコのものとなっています。ですが兄の家も傾き始め、経済的政略結婚のために、妹をバックロウ領主アルトゥーロと無理やり結婚させようとしています。ところがルチーアは、雄牛に襲われた時に救《たす》けてくれたエドガルドと愛しあう仲になっており、この実話の物語は最初から、絶望的な悲劇に終わるしかないのです。


『第1幕』の聴かせどころ。泉に水が溢れるようなハープの前奏にのって、ルチーアが侍女のアリーザを連れて現れる。ここでエドガルドと逢うことになっているのです。

ルチーアがアリーザに、過去にあった悲しい物語について説明します。

〝昔ね、レーヴェンスウッド家の男が、恋する女性を嫉妬のあまり刺し殺してしまったの。以来、この泉にはその女性の亡霊が出るのよ〟

トシコ、このゆったりしたカヴァティーナは、あまりに美しいために、そんな不吉な物語が語られていることには気付くことが少ないのです。だけど、このオペラの悲劇性を予告するものとして、歌う人は、その内容をよく理解していなくてはなりません。

続くテンポの速いカバレッタ、カバッロは馬の意味だよ。『このうえない情熱に心奪われた時』では、一転して愛する喜びを爆発させるように歌うんだ。カバレッタは、習慣通り2度繰り返され、2度目はより華やかにコロラトゥーラの技法が発揮されるように、1度目に比べてさまざまな譜面上の改変がなされている。これを『フィオリトゥーラ』という、フィオーレは花を指すが、花が咲くようにメロディーに装飾をほどこしてあるので、トシコの腕の見せどころというわけだよ。

このあとエドガルドが現れ、〝お前の兄に会って2人の結婚を許してもらう〟と言うが、〝ダメよ今は、そんなの絶対無理だから……〟。

そして愛の2重唱、これは最後の『狂乱の場』で繰り返されるメロディーなので、よく覚えておくようにね。――そしてエドガルドは、フランスに用があると言って旅立ってゆくんだ。

『第2幕』ルチーアの兄は、妹の愛の炎を消すために、エドガルドからの〝心変わりの偽の手紙〟をでっち上げる。半信半疑ながらもルチーアの心は揺れ動く。

身内全員から強く言われ、うっかり『結婚承諾書』にサインをしてしまうルチーア。

ちょうどそこに、フランスで不吉な噂を聞いて駆け戻ったエドガㇽドが入ってくる。そこには花嫁姿のルチーアが居るうえに、結婚承諾書のサインを見せられて怒り狂うエドガㇽド。

ここで6人によって歌われる『コンチェルタート』は、すべてのオペラの中でも最も優れたものだ。『コンチェㇽタート』は『コンチェㇽト』から来た言葉だけれど、歌と器楽が競合するように場面を盛り上げるんだ。『コンチェㇽト』には〝調和〟と〝競合〟という相反する意味があるのだけど、後者の意味から出来た言葉が『コンチェㇽタート』。この6重唱の主役はテノーㇽ・エドガㇽドだが、もちろんルチーアにも重要な役割が与えられているよ。

エドガㇽドは激しく憤り、〝お前は神と愛とを裏切った！〟とルチーアの手から指輪を抜き、床に投げ捨ててしまう。

『第3幕』結婚式を荒らされたルチーアの兄が、嵐の中、エドガㇽドに会いにやって来る。

〝明朝、レーヴェンスウッドの墓場で決闘しよう！〟と憤る兄。うなずくエドガルド。この場面は習慣的にカットされていたんだけど、音楽的にすばらしく、最近復活演奏され始めた。でもいずれにしろ、このシーンはトシコには関係はないけれどね。

結婚式の宴会の場面になり、みんな酒を呑みながら喜びの合唱を歌っている。

そこへ家庭教師のライモンドが現れて、音楽が一転、悲劇的なものに変わる。

ライモンドは、〝ルチーアが悲しみのあまり気がふれて、花婿を刺殺した〟と告げるんだ。

すると、今度は血に染まった夜着のルチーアが現れて、〝狂乱の場〟のアリアを歌う。

ルチーアは錯乱のうちに、エドガルドとの結婚式の幻想を見、それが打ち壊されると、ふっと花婿アルトゥーロへの謝罪の言葉をつぶやく。

ここでフルートが掛け合いのような伴奏を始め、ルチーアはフルートと共に有名なカデンツァを歌う。ところがこのカデンツァはドニゼッティの手になるものではなくて、1850年にソプラノのテレーザ・ブランビッラ（Teresa Brambilla）によって創唱されたものなんだ。ちなみにこのブランビッラは、翌年の1851年にヴェルディの『リゴレット』の初演で主役のジルダを歌っている。

そしてこのカデンツァは、リコルディ社の『ルチーア』の楽譜にも載っていない。イタリアにはカデンツァばかり集めた本を売っているから、それを入手しなくてはならないんだよ。——でも大丈夫、私はそれを一冊持ってきているから写譜すればよろしい。

トシコ君の『ルチーア』での出番は、〝狂乱の場〟で終わりだよ。このあとエドガルド、テノールのすばらしいアリア〝我が先祖の墓よ〟、そして通りかかったライモンドたちの〝葬送の合唱〟によって知らされた〝ルチーアの死〟へと進んでいく。

エドガルドは、自分の早とちり的過激な言動でルチーアを狂死に追いやった自分を責め、〝共に天国で結ばれよう〟と短剣を胸に突き刺す。

トシコ、この『ルチーア』を1年でモノにしよう。イタリアでは何かひとつの得意オペラを持っていると、一生食べていけるのだよ。もちろん将来的には他にも3つか4つ、レパートリーを増やさなくてはならないが、とりあえず『ルチーア』だ。相手歌手とのからみや、伴奏とうまく合わせる練習も必要だし、舞台での動き、演技だね、それも教えてあげる。

イタリアでは、オペラの公演ごとの練習などしやしない。どこの歌劇場でも〝定形〟は共通しているから、合同稽古は必要ないんだよ。逆にいえば、どんなにアリアが上手く歌えても、動き、演技だね、それがダメならお呼びはかからない。イタリア人は幼い頃からオペラを見慣れているから、動作、演技も自然に頭の中に入っているけど、オペラの上演の全くない日本に生まれた君には、いろいろと大変だと思う。だから、私と一緒にがんばろうね」

敏子とサルコリ（2）

そして大正14（1925）年6月13日、トシコは日本の声楽史上の〝ひとつの事件〟を起こす。

東京女子高等師範学校附属高等女学校の同窓会（作楽会《さくら》）主催による「関屋敏子コロラトゥーラソプラノ・リサイタル」が催されたのである。

まず、そのプログラムをご覧になってほしい。なんたる豪華な、そして難曲ばかりを集めたことか。古今東西、プロもアマも含めて、このような名曲を一晩で歌うコンサートは、多分今までなかったに違いない（「超オンチ」で大人気を博した、マダム・ジェンキンスのリサイタルならありえたかもしれないが）。

◆リサイタルのプログラム

（第一部）

・「夢遊病の女」のアミーナのアリア……………………ベッリーニ作曲

・「ボエーム」のミミのアリア〈私の名はミミ〉……………………プッチーニ作曲
・「リゴレット」のジルダのアリア〈慕わしい人の名は〉…………ヴェルディ作曲

〈第二部〉

・「ジノラ」のアリア（フルート助奏）影の歌……………………マイアベーア作曲
・「マノン」のアリア〈さようなら、私たちの小さなテーブルよ〉…………マスネ作曲
・「椿姫」のヴィオレッタのアリア〈ああ、そは彼の人か／花より花へ〉…ヴェルディ作曲

〈第三部〉

・「ラクメ」のアリア〈鐘の歌〉……………………………………………ドリーブ作曲
・「ドン・パスクアーレ」ノリーナの小唄〈騎士はあの眼差しを〉……ドニゼッティ作曲
・「ロメオとジュリエット」のアリア〈私は夢に生きたい〉……………グノー作曲

〈第四部〉

・「ルイーズ」のアリア〈その日から〉……………………シャンパンティエ作曲
・ブロッホのバリエーション（フルート助奏）…………………ブロッホ作曲

（『関屋敏子の生涯』（渡辺議・著　島田音楽出版より）

識者からは、当然だが、〝デビュタントがこんな無謀な……〟の声があがったが、敏子もサルコリ師も全く懸念はしていなかった。

場所は「丸の内報知講堂」であったが、ちょうどこの夜、当時有名だった永井郁子のリサイタルが至近の「帝劇」で催されていた。だが同窓生の〝我らの敏子〟への熱意はハンパなく、そのコンサートは超満員、そして大成功。

ステージには日本の国旗とともに、サルコリ師とその故郷のイタリアへの報恩を意味するイタリアの国旗も飾られていた。

なお〝コロラトゥーラ・ソプラノ〟と銘打たれたのは、この時が日本初であり、それまでは〝ソプラノ・リリコ〟も〝ソプラノ・ドランマーティコ〟も、すべて単なる〝ソプラノ〟としか表記されなかった。

昭和２（１９２７）年11月10日、敏子は父祐之介と共に神戸港を出発、47日目にナポリ着。ナポリの港には、25年ぶりという珍しい降雪のシーンが見られた。

藤原義江と関屋敏子

日比谷公会堂の独唱会。左から父（祐之介）、妹（喜美子）、中村歌右衛門、敏子、サルコリ

『関屋敏子の生涯』（渡辺議・著　島田音楽出版より）

このあとボローニャでディプロマをいただき、ミラノ・スカラ座の専属となってスペイン公演に参加したことはすでに述べた。

渡欧して3年目に、敏子は日本に帰ってくる。〝ヴィクターレコードの赤盤〟への吹き込みが許されていたのは、日本人では唯一藤原義江だけであったが、敏子はその第2号となった。

レコードは売れに売れ、日本のファンは一日も早く敏子のナマの声を聴きたがった。

昭和4（1929）年、25歳の敏子は「第1回帰国発表会（日比谷公会堂）」を行い、翌年26歳の時、日本初の本格的オペラ『椿姫』で、ヴィオレッタを演じた。場所は歌舞伎座で、オケの指揮は山田耕筰、相手（アルフレード）役は藤原義江であった。

この公演に当たっては、コーラスの練習、出入りの指示、ライトやオケのきっかけ等々、敏子はヨーロッパで覚えたものをすべて出しきった。

藤原義江は日本では大変な人気者ではあったが、本場の舞台経験もほとんどなく、敏子が〝ギャラは藤原さんより多くなければ困ります〟と言った、とか言わないとか。が、ほとんどの識者は〝トシコさんがそんなことを言うわけがない、あればお父さんが言わせたものだ〟と思っていた。

翌昭和6（1931）年3月、アメリカへ向かう。

ハワイにトシコが来ると知った現地の日本人たちから無電が入る。

〝ぜひハワイでも歌ってください〟

「伴奏者との打ち合わせの時間がないから無理です」と言うと、船長が、

「大急ぎでハワイに向かうので是非歌ってください」

結果、予定より2時間も早く着き、急ごしらえのコンサートは現地の人々を熱狂させた。目的のサンフランシスコに着くや、青木楽器店主催の独唱会が「昭和ホール」で開かれた。この時の聴衆は日本人ばかりであったので、何事もなかったが、その後の行程には波乱が予想された。

日清、日露戦争でまぐれ的勝利をおさめた日本は己の実力を過信。日本も西欧並みの植民地を、ということで満洲を手始めに、広大な中国に狙いをつける。ところが小さな島国の日本には、石油などの資源がない。東南アジアにそれを求めて侵攻したところ、既得権のある英米と衝突。ちょうどその頃ナチスが台頭し、英米も危機感をつのらせていた。

そんな折も折、日本はナチス・ドイツとファシズム・イタリアと同盟を結ぶ。在米日本人は排日運動の恐怖にさらされており、敏子たちもどんな目に遭わされるかも分からない。

ところが敏子は己が歌唱の実力で、不安や障害を打ち消して、アメリカ各地で大成功。

ちょうどこの頃アメリカには、宮家、政治家、官僚たち他、大勢のエライさんがやって来ていた。それぞれの思惑があってのことだろうが、主たる狙いは〝日本の立場を理解してほしい〟というものであった。

同年5月27日、高松宮、同妃両殿下がサンフランシスコをご訪問。その奉迎晩餐会で敏子は独唱し、その歌声が高松宮殿下のご挨拶などとともに全米に放送された。

6月11日、ロサンゼルスの「シュライン・オーディトリアム」という、1万人収容の大きなホールからの依頼が来る。

敏子は、コンサートの最後に、日本とアメリカの両国歌が演奏されることを条件に出演を承諾する。

敏子のプログラムのすべてが終了、「君が代」が始まった時、自然発生的に聴衆の日本人たちが斉唱し始めた。そしてその歌声は大きなうねりとなってロサンゼルス市の全体に響き渡るかのような、ちょっと表現できないほどの感動が、日本人のみならずアメリカの人々をも包み込んだ。

駐米大使斎藤博から、敏子のところに感謝状が送られてきた。
〝この演奏会以後、アメリカの対日感情がすこし和らぎ、あなたは日米親善に大きな役割を果たした〟

9月5日と6日の両日、「ロサンゼルス150年祭」が催されて敏子も出演。司会は俳優の早川雪州。舞踊家の伊藤道郎とその弟子たちが、「元禄花見踊」で会場を大いに盛り上げた。

そしてその後、ロサンゼルスの町が開かれた、ちょうどその記念日に、敏子は「ハリウッド・ボール」に出演。

筆者は訪れたことはないが、写真で見ると超巨大なスリバチ状の野外シアター。

4万人も入れて声は聞こえるのか？

ふと、テレビの「空から眺めるヨーロッパ（深夜のBSで時々放映）」で見た、古代ローマの野外劇場を思い出す。

コロッセオ（闘技場）とともに、イタリアの果てシチーリアや、否、ヨーロッパ全土に残る野外劇場の遺跡。いずれも風光明媚なところに建てられたそうだが、そのすべてが擂《すり》

シチーリアにあるギリシャ劇場。BC3世紀半ばに築かれたもので、現在も隔年の夏場に古代劇が上演されている（ウィキペディアより）

ハリウッド・ボール（ウィキペディアより）

鉢《ばち》状で、ハリウッド・ボールがこれを真似たことは一目瞭然。古代にはもちろんマイクはなかったが、何千人も収容の野外劇場でも、しっかりと聴衆の耳には聞こえたはず。

この時、敏子がマイクを使ったかどうかは不明だが、多分使っていない。お腹に力を入れて歌う〝そば鳴り声〟では絶対に無理だが、敏子の、音譜（〇）の上だけをすくい上げての歌唱なら、大丈夫だ。

私が小学校の頃、よくこのハリウッド・ボール管弦楽団の演奏を聴いた（NHKラジオ第2放送）。当時これを指揮していたのがアンドレ・コステラネッツ。ペテルブルグ音楽院を出て、1922年にアメリカへ。日本へも3度やって来て、N響と日フィルを指揮している。

このコステラネッツ氏、3歳年下のリリー・ポンス（既述）と1938年に結婚（後に離婚）。もちろん70年前の小学生には、そんなことは知る由もないが、この本を書いていると、他にもさまざまな断片《ピース》がくっつき合って、ひとつの大きなジグソー・パズルの絵になってくる。

照明が消されると敏子には4万の聴衆の姿は見えず、ただひたすら、ダイヤモンドの輝く夜空に向かって歌い続けた。

たまたま滞米中の政界の元老・尾崎行雄（明治23年第1回総選挙以来、衆議院議員に連続25回当選。憲政の神様と称された）がこのコンサートを聴いており、感激した彼は翌日、敏子のもとに次のような歌を詠んで贈ってきた。

「四《よ》よろづの人集りて声を呑み一人の君を聞く夜なりけり」

アメリカ各地で歌ったあと、敏子はヨーロッパへ。

まずボローニャのソウゼ座で、ベッリーニの『夢遊病の女』の主役を1週間務める。

ミラノ音楽学校定期独唱会に出演。

ミラノ・スフォルッエスコ城内音楽堂において、スカラ座の歌手たちと共演。

ヴェルディ音楽学校内国際作曲家協会主催の演奏会に出演。作曲家証書と芸術章を授与される。

ベッリーニ作曲「夢遊病の女」のフィナーレ。『イタリア・オペラの黄金時代　ロッシーニからプッチーニまで』（音楽之友社より）

1933（昭和8）年4月、パリの日仏協会、ロンドンの日英協会で独唱会。

10月、ベルリンの日独協会、東亜協会で歌ったあと、ドイツのウーファ映画社の「鏡」に出演。

12月、パリで「ジョルナール新聞社」主催により、自作のオペラ『お夏狂乱』を上演。

夏の海辺で子供たちが遊んでいる。花道から狂ったお夏が〝清十郎さま、清十郎さま〟と歌いながら登場して、子供のコーラスと掛け合いをする。

オケは40人。木魚や笛、尺八なども加わって、日本風の味付けもたっぷり。ひとりのソプラノ歌手、それも日本人がオペラを作曲し、しかもオーケストレイションまでしたことにパリの人々は驚愕。オペラ自体の内容もしっかりしており、パリの人々は絶賛した。

2人の旅立ち

昭和9（1934）年4月、帰国（30歳）。

日本、朝鮮、満洲、中国、台湾で120余回のコンサート。

歌舞伎座、大阪朝日会館、東京日本劇場で『お夏狂乱』。

昭和10年、京都と東京で自作の『二人葛の葉』を上演。

こうして関屋敏子が世界的な活躍をしている間に、師のサルコリは少しずつだが、しかしだんだんと衰弱していった。原因は、死ぬ間際に判った泌尿器系の癌。だが基本的には、その癌の原因も含めてサルコリの孤独。

妻も子もいない異国の小さな家でのひとり暮らし。いや妻も子もいたが、はるかなイタリアでの別居暮らし。イタリアというところは、宗教的な理由でなかなか離婚がむずかしい。もし離婚ができておれば日本人妻を迎えることもできたろうし、子供も生まれていたかもしれない。

自宅前で手を上げる晩年のサルコリ。論文「アドルフォ・サルコリの音楽活動に関する研究（6）」（直江学美）より

猫と2人暮らしの淋しい毎日だったが、それでもお弟子さんへのレッスンは、大出血して緊急入院するその日まで続けられた。言ってみれば完全な孤独とはいえず、他の69歳に比べれば、ある意味、幸せであったかもしれない。

サルコリの容態が急に悪くなったのは、昭和11（1936）年の2月頃。

往診に来た帝大の眞鍋嘉一郎教授の指示で、急遽慶應病院に入院。

「東京朝日新聞」の2月16日、11面。「師よ、早く全快……祈る歌姫たち」（より抜粋）

〃2月15日午後、慶應病院の『に』病棟第38号室――「面会謝絶」の札が淋しく掛かったドアを押すと、丁度関屋敏子さんが白百合の花束を抱いてお母さんと心配そうに恩師の枕頭に詰めていた〃

おそらく敏子はこの時、師の奇跡の復活を祈りながらも、心の底では永遠の別れを告げたものと思われる。

サルコリは昭和11（1936）年3月13日午後9時45分に息を引き取った。

「東京朝日新聞」は2日後の3月15日、16日にサルコリ追悼関連の記事を載せた。

〝サルコリ生前の言葉により、彼はファシストの制服の黒シャツを着せてもらい、遺言の「日本の地に埋めてくれ」に従って多摩墓地に埋葬された。――葬儀の終わりに、イタリア大使の他数人のイタリア人が、黒シャツを着た姿で棺側に立って、ファッショの挙手の礼で遺骸に敬礼した様子は、まことにすさまじくも勇ましかった。翁は定めし地下で「ベーネ、ベーネ（善きかな、善きかな）」といって微笑しているだろう〟

『故サルコリ先生謝恩大演奏会（主催「シエナ会」）』は同年5月4日、日比谷公会堂で、サルコリの弟子のほとんどが出演して行われた。

演奏会の最初の曲は「アヴェマリア」（グノー作曲）。演奏したのは、サルコリが育てた慶應義塾マンドリン倶楽部で、指揮は服部正。

翌朝の新聞では、〝涙のアヴェマリア〟として大きく取り上げられた。

なお、この時関屋敏子が歌ったのは、『ルチーア』の「狂乱の場」と、ショパンの「別れの曲」であった。

師サルコリの死の後を追うかのように、敏子が、4年かけて少しずつ生気を喪《うしな》ってゆく。彼女には「不眠症」の傾向があった。

少なくとも昭和5(1930)年、藤原義江との『椿姫』の頃からそれは始まっていた。『関屋敏子の生涯』の84ページに以下のような文章がある。

〝練習がはかどらなくて、そのために熟睡できない夜もあった。そんな時、敏子はよく真夜中に寝床から起き上がって、銀線をふるわすような麗音で歌うのであった〟

いつの頃からかははっきりしないが、多分この頃からだろうか、彼女は睡眠薬の服用を始める(薬名も、かかった病・医院の名前も不明)。

昭和13(1938)年、中国との戦争が激しくなり、敏子はそれまでのステージ活動を減らして、傷病兵への病院慰問、戦地巡演に力を注ぐ。これには父祐之介が昔、政府に関わる仕事をしていた関係もあったかもしれない。

この頃彼女は、新作歌劇『巴御前』の作曲に着手する。作曲への意欲もあったろうが、戦時下において、西欧のオペラを歌うのがためらわれる雰囲気が生まれてきていたこともある。

この前年の昭和12年4月26日に、唐突のように敏子は結婚をする。この時彼女は34歳、当時にあっては子供の産める最終期限ということもあってのことだろう。

敏子の意向は一切無視され、5、6人の候補の中から父が選んだのが柳生五郎。徳川家剣道師範の家柄・柳生俊久子爵の弟、41歳。

農林省勤務のサラリーマンだが、みずからマンドリンも奏でる音楽好き——ということで、父は自分に代わる敏子のマネージャーとして迎え入れた。が結論をいえば、五郎と敏子のフィーリングはフィットせず、昭和16（1941）年1月、協議離婚。

この頃、すなわち敏子晩年の歌声に接したことのある音楽評論家の宮澤縦一氏が、敏子のLPレコードのケースに書いていた。

〝高音は金属的に響き、ヴィブラートがひどく、歌には往年の面影さえなかった〟

人気も抜群ということもあったが、家計も支えなくてはならない責任感から、日本全国はおろか、朝鮮、中国まで歌って歩いたツケがまわってきたのである。

約50年前のイタリア歌劇団の『道化師』で、かなりのトシのオバチャンが〝かすれた声の、ワレ声〟で主役を歌っていた。

イタリア人の歌の先生に訊いたところ、

「それは歌いすぎですね。歌いすぎると、そういう声になって元に戻りません。でも実績のある歌い手ですと、そういう声になっても〝名前〟だけで使ってもらえるのです」

昭和16年(戦争の始まる年である)11月22日、繰り上げ卒業で学窓を巣立つ「東京帝国大学工学部」の学生のためのステージに立つ。

グノーの「夜の調べ」、滝廉太郎の「荒城の月」、リューランスの「ミネトンカの湖畔」……その翌日11月23日、溜めておいた大量の睡眠薬を服用――。

遺骸は、住職が彼女の大ファンであった横浜市鶴見の総持寺に葬られた。

戒名は「天楽院《てんがくいん》雅《が》誉《よ》妙《みょう》敏《びん》大姉《だいし》」

私のカンツォーネ・コンサートに毎回来てくれる小児科の先生に、関屋敏子のことをチラッと話すと、即座に〝ゾルゲ事件の人でしょう〟と。

ゾルゲ事件の日本側のスパイ尾崎秀実《ほつみ》と敏子が恋人関係にあり、そのことで警察に尋問をされたことが彼女の自殺の原因になった、との噂が、一時広く信じられたらしい。
が、妹の喜美子さんの証言――。

〝尾崎秀実の検挙されたのが昭和16（1941）年10月で、姉の自殺した1カ月前でありましたから、これらのことがオーバーラップされて、虚像となったものだと思います。

なお、このゾルゲ事件に登場した実際の人物は、私の姉の姓の音韻と似た某音楽家のことで、私は戦争の時節が生んだ、とんだ物語であったと思っています。〟

あとがき

今、ＣＤで関屋敏子さんの歌う「見よ、やさしいひばりを」を聴いている。そして改めて、彼女はこの本の題となった『日本唯一の「超人歌姫」』に間違いないと確信する。この「ひばり」も含めて、ユーチューブに彼女の歌がたくさんアップロードされている。ぜひ検索なさってみてください。

なお、掲載写真の引用元について、古い文献が多く、また現在は存在しない出版社もあり、引用の了解を取ることができないものがほとんどで、とりあえずはその引用元を明記し、使用させていただきました。この場をお借りして厚く御礼申し上げます。

また、文中にもふれましたが、「サルコリ研究」論文を書かれた金沢星稜大学人間科学部、直江学美先生にも、改めて感謝を申し上げます。

ご愛読ありがとうございました。

令和３（２０２１）年12月５日　自宅にて

江本弘志

主たる参考文献（順不同）

「日本におけるベル・カントの父、アドルフォ・サルコリの生涯」直江学美　金沢星稜大学人間科学研究（詳細は本文中にあります）
『関屋敏子の生涯』渡辺議　島田音楽出版
『考証　三浦環』田辺久之　近代文藝社
『吸気唱法』江本弘志　文芸社

（他の文献については本文中に記しました）

関屋敏子の年譜（『関屋敏子の生涯』渡辺議・著　島田音楽出版より）

年号	関屋敏子の年譜	音楽史	世界史	日本史
1904年（明治37年）	3月12日東京市小石川区指ヶ谷町一番地に出生	プッチーニ、オペラ《蝶々夫人》初演	英仏協商	日露戦争
1907年（明治40年）	吉住小三郎（長唄）、藤間勘十郎（舞踊）に師事（3歳）		英仏露三国協商	小学校令
1910年（明治43年）	東京女高師（お茶の水）附属小学校入学（6歳）			平井康三郎　生
1911年（明治44年）		ストラヴィンスキーバレエ《ペトルーシュカ》初演		工場法制定
1912年（明治45年）	昭憲皇太后の御前演奏（8歳）		清朝滅ぶ	
1914年（大正3年）	三浦環に師事。富士山印レコードに吹込み（春が来た。富士山。野ばら）（10歳）		パナマ運河開通。第一次世界大戦起こる	第一次世界大戦に参戦
1915年（大正4年）		R・シュトラウス《アルプス交響曲》作曲	アインシュタイン相対性原理	
1916年（大正5年）	お茶の水附属女学校入学（12歳）			
1917年（大正6年）		プロコフィエフ《古典交響曲》作	ロシア革命	浅草オペラ盛んとなる

1918年（大正7年）		曲	ドイツ革命	シベリア出兵
1919年（大正8年）	女学校で音楽担当の長坂好子に声楽を師事。また小松耕輔に作曲、萩原英一にはピアノを師事（15歳）		パリ講和会議。ヴェルサイユ条約	
1920年（大正9年）	サルコリに師事（16歳）			松竹キネマ創立
1921年（大正10年）	東京音楽学校（現藝大）声楽科入学（17歳）	プロコフィエフ《ピアノ協奏曲第三番》作曲。オペラ《オレンジへの恋》初演	ワシントン会議	石井歓　生
1922年（大正11年）	12月6日東京音楽学校第30回土曜音楽会に出演。この年退学（18歳）		ワシントン軍縮条約	森鷗外死去
1923年（大正12年）	関東大震災にて関屋家も類焼しピアノも失う（19歳）	バルトーク、舞踏組曲作曲		関東大震災
1924年（大正13年）	サルコリの個人教授を受けながら勉学（20歳）			大中恩　生
1925年（大正14年）	6月13日女学校の同窓会（作楽会）主催の第1回独唱会を報知	ラヴェル《子供と魔法》初演	実用的テレヴィジョンの発明	ラジオ放送開始。普通選挙法

	講堂で開催。ＪＯＡＫより「椿姫」「ロメオとジュリエット」放送。東京市主催の合同音楽大会に藤原義江、近藤拍次郎（ピアニスト）と主演（21歳）		ロカルノ条約	
1926年（大正15年）		プッチーニ、オペラ《トゥーランドット》初演		
1927年（昭和2年）	11月10日イタリアへ向け出航（ナポリまで47日）（23歳）		蒋介石の上海クーデター	山東出兵。芥川龍之介自殺。第一回合唱音楽祭
1928年（昭和3年）	1月ミラノ市コンチネンタルホールで独唱会開催。スカラ座のスチァポニーにオペラについて師事 2月フローレンス市にてレオナルド・ダ・ヴィンチ芸術章授与。マリオ・アンコーナに声楽を師事 5月ボローニア大学特別卒業証書授与 6月ミラノ市スカラ座の試験に合格。スカラ座のプリマドンナ	ヴァイル、オペラ《三文オペラ》初演。	パリ不戦条約	

	として座員と共にスペインのバルセローナに行き、3ヶ月間、五大歌劇（リゴレット、椿姫、ルチア、セビリアの理髪師、蝶々夫人）に出演。アンセルメ（声楽）、ロジナ・ストルキオ（オペラ）、ピッコチ（演技）に師事 11月ルボルノ市高等音楽学院マスカンニよりディプロマを授与（24歳）			
1929年（昭和4年）	4月ウィーンに招かれ、ミクラス大統領、R・シュトラウスの前で歌い、賞讃される 5月ビクターレコード社と専属契約10月帰国。日比谷公会堂で第1回帰朝独唱会を開催（25歳）		世界的大恐慌。フレミング、ペニシリン発見	
1930年（昭和5年）	2月山田耕筰指揮「椿姫」に藤原義江と歌舞伎座に出演。国内各地及び台湾、朝鮮、満州、中国方面と百余回演奏会に出演。 6月帝国キネマ映画「子守唄」に出演（26歳）	ショスタコヴィチ、バレエ《黄金時代》初演。バルトーク《カンタータ・プロファーナ》作曲。	ロンドン軍縮会議	

1931年（昭和6年）	3月渡航。米国経由太平洋沿岸各地で数十回の独唱会を開催。 5月サンフランシスコで高松宮同妃殿下歓迎会で御前演奏 6月ロスアンゼルス市シュラインオーデトリアム会堂で212人の管弦楽伴奏で歌う 9月ハリウッドボールで歌う 10月太平洋沿岸の都市及びカナダ等各地で独唱会を開く 12月ニューヨーク着（27歳）			満州事変
1932年（昭和7年）	1月ニューヨーク市タウンホールで独唱会 3月イタリーボローニア市ソウゼ座に招かれ「夢遊病者」のプリマドンナとして1週間出演。更にトリノ市初め各都市に於てオペラに出演 6月ミラノ音楽学校定期独唱会に出演 7月ミラノ・スフォルッエスコ城内音楽堂に於てラ・スカラ座歌手と共に歌う。ヴェルディ音		満州建国	上海事件。五・一五事件

	楽学校内国際作曲家協会主催の演奏会に出演。作曲家証書と芸術章授与（28歳）			
1933年（昭和8年）	パリ滞在 4月パリの日仏協会で独唱会。ロンドン日英協会から招かれ独唱会を開く。 10月ベルリン市日独協会、東亜協会で歌う。直後、ドイツ、ウーファ映画会社「鏡」にフランスで出演 12月パリでジョルナール新聞社主催により自作曲、歌劇「お夏狂乱」を発表（29歳）	R・シュトラウス、オペラ《アラベラ》初演	米、ニュー・ディール政策	三善晃 生 国際連盟脱退
1934年（昭和9年）	4月帰国。これより1、2年の間に日本全国、朝鮮、満州、中国、台湾等で120余回の独唱会を開く 6月福島二本松でも独唱会に出演。歌舞伎座で2日間、大阪朝日会館で2日間「お夏狂乱」を上演 12月東京日本劇場で10日間「お		ヒットラー総統兼首相就任	

	夏狂乱」を上演（30歳）			
1935年（昭和10年）	1月京都、東京で自作曲「二人葛の葉」を上演 4月朝鮮津港開港記念式に招かれ歌い、つづいて20余ヶ所にて独唱会を開く 7月から10月まで東京から北へと北海道、樺太各地迄独唱会を開く（31歳）			湯川秀樹、中間子理論発表
1936年（昭和11年）	サルコリ死去			二・二六事件。国民歌謡の初め
1937年（昭和12年）	3月イタリー親善使節団来日歓迎歌を依頼され作曲 9月ペルー親善使節団来日。同様に作曲 12月柳生五郎と結婚（33歳）	ベルク、オペラ《ルル》初演。オルフ《カルミナ・ブラーナ》初演	日独伊三国防共協定調印	日華事変。帝国芸術院創設
1938年（昭和13年）	6月三浦環、佐藤美子、永田絃次郎、下八川圭祐らと共に日比谷野外音楽堂その他で演奏会を開く 10月から翌年まで戦線慰問（34歳）	シャリアピン死す	ミュンヘン会談	国家総動員法成立
1939年	6月門下生達と「夢遊病者」	メノッティ、オペ	第二次世界大戦	ノモンハン事件

（昭和14年）	「ヂノア」「ルチア」に抜粋演奏 11月歌劇「椿姫」に門下生と出演（35歳）	ラ《どろぼうとオールド・ミス》初演		
1941年 （昭和16年）	1月協議離婚 歌劇「巴御前」作曲に着手。未完のまま11月23日に睡眠薬にて自殺（37歳）		太平洋憲章成立	太平洋戦争始まる。日本音楽文化協会創立。小学校を国民学校と改称

関屋敏子のレコード一覧（『関屋敏子の生涯』渡辺議・著　島田音楽出版より）

レコード会社	発売年月	レコード番号	曲目	作曲者	伴奏者
ニットー	大・15・11	（10《インチ》黒盤）	船の船頭衆	関屋敏子	石原利子（ピアノ）
			赤い夕日・薔薇	〃	
ニットー	昭・2・3	（10《インチ》黒盤）	潮来	関屋敏子	〃
			おばこ	〃	
ニットー	昭・2・4	（10《インチ》黒盤）	バラよ語れ	関屋敏子	〃
			一寸別嬪さん・からかさ	〃	
ニットー	昭・2・7	（10《インチ》黒盤）	むかい浜風・うたたね	関屋敏子	〃
			薔薇は散り行く	〃	
ニットー	昭・2・8	（10《インチ》黒盤）	江戸子守唄	関屋敏子	〃
			さんさ時雨（関屋敏子採譜）・蛍来い	〃	
ニットー	昭・3・1	（10《インチ》黒盤）	オーソレミオ	ディ・カプア	〃
			芭蕉	小松耕輔	
ニットー	昭・3・2	（10《インチ》黒盤）	春の花		〃
			フニクリ・フニクラ	デンツァ	
ニットー	昭・3・5	（10《インチ》黒盤）	マリア・マリ	ディ・カプア	〃
			野いばら	関屋敏子	
コロムビア	昭・2・6	25204	歌劇「椿姫」から　花より花へ	ヴェルディ	クラーレンス・デーヴィス

		（10インチ黒盤）	からたちの花	山田耕筰	（ピアノ）
コロムビア	不明	35504	からたちの花	山田耕筰	〃
		（10インチ青盤）	愛国の歌	関屋敏子	
コロムビア	不明	35508	江戸子守唄	関屋敏子	〃
		（10インチ青盤）	帰れソレントへ	クルティス	
ビクター	昭・4・7	4131	恋はやさし	ズッペ	（指揮）
		（10インチ赤盤）	蛍来い	関屋敏子	カルロ・サバイーノ ミラノ・スカラ座 管弦楽団
ビクター	昭・4・7	4132	船の船頭衆	関屋敏子	
		（10インチ赤盤）	秋田おばこ	〃	〃
ビクター	昭・4・8	4133	夜の調べ	グノー	〃
		（10インチ赤盤）	野いばら	関屋敏子	
ビクター	昭・4・9	4134	神田祭	弘田龍太郎	〃
		（10インチ赤盤）	浜うた	関屋敏子	
ビクター	昭・4・10	4135	旅愁	オードウェイ	〃
		（10インチ赤盤）	故郷の廃家	ヘイズ	
ビクター	昭・5・1	13046	ソルヴェーグの唄	グリーグ	（ピアノ）
		（10インチ赤盤）	埴生の宿（ホーム・スイート・ホーム）	ビショップ	
ビクター	昭・5・3	13049	江戸子守唄	関屋敏子	
		（10インチ赤盤）	大島民謡	〃	

ビクター	昭・5・6	13071（12《インチ》赤盤）	四葉のクローバ	ルーテル	
			ニーナの死	ペルゴレージ	
ビクター	昭・5・7	13074（12《インチ》赤盤）	アイ・アイ・アイ		
			潮来出島	関屋敏子	
ビクター	昭・5・9	13076（12《インチ》赤盤）	オーソレミオ	ディ・カプア	管弦楽伴奏
			ブラームスの子守唄	ブラームス	
ビクター	昭・5・11	13089（12《インチ》赤盤）	ドリゴのセレナーデ	ドリゴ	〃
			麦打ち唄	関屋敏子	
ビクター	昭・6・1	13108（12《インチ》赤盤）	千鳥なく	関屋敏子	〃
			薔薇は散りゆく	〃	
ビクター	昭・6・4	13122（12《インチ》赤盤）	みかん船	関屋敏子	〃
			うちの背戸屋	〃	
ビクター	昭・6・6	13127（12《インチ》赤盤）	雲のあなたへ	宮城道雄	箏・尺八伴奏
			母の唄	〃	
ビクター	昭・6・8	13137（12《インチ》赤盤）	才　女	小学唱歌集より	（新響サロンオーケストラ伴奏）
			印度の歌	リムスキー・コルサコフ	
ビクター	昭・7・1	13190（12《インチ》赤盤）	ユーモレスク	ドヴォルザーク	〃
			ミネトンカの湖畔	リューランス	
ビクター	昭・7・5	13200（12《インチ》赤盤）	五月祭	村岡楽堂	管弦楽伴奏
			うたたね・からかさ	関屋敏子	
ビクター	昭・7・7	13219（12《インチ》赤盤）	ありあけ	日本古謡（関屋敏子編）	（指揮）シルク・レット

			ひとりごと	関屋敏子	米国ビクター・サロン管弦楽団
ビクター	昭・7・8	J1001（12インチ赤盤）	セレナーデ	シューベルト	〃
			見よ優しき雲雀を 28歳	ビショップ	
ビクター	昭・7・10	13233（12インチ赤盤）	シューベルトの子守歌	シューベルト	〃
			野営の暁	スイスの曲より	
ビクター	昭・7・12	13245（12インチ赤盤）	クラベリトス	（西班歌曲）	〃
			エストレリータ	（〃）	
ビクター	昭・8・1	13248（12インチ赤盤）	鶯の歌	フラー	〃
			さんさ時雨	関屋敏子採譜	
ビクター	昭・8・6	13287（12インチ赤盤）	セレナーデ	トスティ	（指揮）ピチネリ ミラノ・スカラ座管弦楽団
			いとしきマリアよ	ディ・カプア	
ビクター	昭・8・7	13302（12インチ赤盤）	女馬子唄		〃
			船頭唄		
ビクター	昭・8・8	13305（12インチ赤盤）	芭蕉	小松耕輔	〃
			ラ・パロマ	イラディエル	
ビクター	昭・8・11	J1003（12インチ赤盤）	印度人の恋歌	ルドルフ・フリムル	米国ビクター管弦楽団
			サンタ・ルチア	ナポリ民謡	（指揮）ピチネリ ミラノ・スカラ座管弦楽団

ビクター	昭・9・5	J1004（12インチ赤盤）	太陽讃歌（歌劇「金鶏」から）	リムスキー・コルサコフ	〃
			あ、そは彼の人か（歌劇「椿姫」から）	ヴェルディ	
ビクター	昭・9・10	13384（12インチ赤盤）	庭の千草	アイルランド民謡	〃
			タランテラ	パノフカ	
ビクター	昭・9・11	13389（12インチ赤盤）	お夏狂乱　A夢の歌	関屋敏子	管弦楽伴奏
			Bあゝ、愛しの人	〃	
ビクター	昭・9・12	13397（12インチ赤盤）	悲　歌	マスネー	〃
			ホフマンの舟唄	オッフェンバック	
ビクター	昭・9・12	13400（12インチ赤盤）	スパニョラ	キアラ	〃
			いとしきジョニー	ベートーヴェン	
ビクター	昭・10・3	13410（12インチ赤盤）	ローレライ	ジルビア	〃
			印度の子守唄	リューランス	
ビクター	昭・10・6	13429（12インチ赤盤）	田植唄	橋本国彦	〃
			馬子唄	小松平五郎	
ビクター	昭・10・8	13430（12インチ赤盤）	宵待草	多忠亮	〃
			舞　姫	本居長世	
ビクター	昭・10・12	13446（12インチ赤盤）	別れの曲	ショパン	〃
			歌の翼	キャドマン	
ビクター	昭・11・1	13453（12インチ赤盤）	荒城の月	滝廉太郎	〃
			大阪子守唄	関屋敏子	
ビクター	昭・11・3	13461	片ゑくぼ	小松耕輔	弦楽合奏団伴奏

ビクター	昭・11・5	13466（12インチ赤盤）	関の夕ざれ	本居長世	管弦楽伴奏
			二人葛の葉	関屋敏子	〃
ビクター	昭・11・9	13481（12インチ赤盤）	春の夜	小松清	〃
			あさね	弘田龍太郎	
ビクター	昭・12・1	13488（12インチ赤盤）	つきせぬ泉	関屋敏子	〃
			えさし唄	関屋敏子 採譜	
ビクター	昭・12・5	13508（12インチ赤盤）	わたしのジョハン	ノルウェイ民謡	〃
			愛の喜び	マルティーニ	
ビクター	昭・12・8	13522（12インチ赤盤）	赤い夕日	小松耕輔	〃
			薔薇	関屋敏子	
ビクター	昭・13・10	13545（12インチ赤盤）	スペインの小夜曲	ビゼー	〃
			ジプシーの女	パイジエッロ	

著者プロフィール

江本 弘志（えもと ひろし）

歌唱芸術研究家。

1941（昭和16）年５月30日生、Ｏ型。

３歳頃から祖父のＳＰレコードで音楽を聴きまくり、音楽を中心とした「芸術の総合評論家（作家）」を志す。中学頃からイタリア人テノールの美声にのめり込み、70歳にして、「ベルカント唱法の発声法」を自ら究める。

著書『歌が上手くなるスーパー発声法　あなたも美しい声が出る』（1992年、音楽之友社）、『カンツォーネ狂一代記』（2001年、芸術現代社）、『イタリアの歴史と音楽　おもしろ見聞録』（2002年、芸術現代社）、『歌がこんなに上手くなって良いのだろうか⁉——あなたにも出来る「日本人のための究極歌唱法」——』（2004年、文芸社）、『日本人歌手　ここに在り！　海外に雄飛した歌い手の先人たち』（2005年、文芸社）、『吸気唱法　いわゆる腹式呼吸唱法は最大・最悪の「常識のウソ」です！』（2014年、文芸社）ほか多数。


日本唯一の「超人歌姫」の謎 関屋敏子とサルコリ先生

2023年７月15日　初版第１刷発行

著　者　江本 弘志
発行者　瓜谷 綱延
発行所　株式会社文芸社
〒160-0022　東京都新宿区新宿１－10－１
電話　03-5369-3060（代表）
03-5369-2299（販売）

印刷所　株式会社フクイン

ISBN978-4-286-24314-6